わたしのセーター

野口智子

「それどこで買ったの？」
って、友達に聞いてもらえるような
手編み感があまりないセーターが好きです。
編み地にメリヤス編みが多いのも
そのせいかもしれません。
どうやったらそう仕上げられるのか、
例えば、ファッションマーク（増減目の跡）を
デザインとしてどう入れるかなどを
いつも考えてしまいます。
デザインが決まったら、それにピタリとくる糸を探し、
頭の中で1回セーターを編み上げます。

わたしの好きなセーターは
肩が落ちているタイプやセットインだったら肩幅が小さめ。
衿ぐりは少し詰まっていて、袖丈は気持ち長めが好み。
そして何と言っても、仕上りが軽いのが好きです。

セーターを編むときは、
同時にコーディネートまで考えて
編むことをおすすめします。
あのボトムにこのセーターを合わせようとか
イメージして編むと、
着る機会もぐんと多くなると思います。

自分に似合う、自分のセーターは
着ていて心地がいいし、
それを着て出かけるのもまた楽しい。
誰かにほめてもらったら、
また編もう！の気持ちもアップします。

わたしならこの色にしようかな？
あのステキなヴィンテージボタンをつけようか、
着丈は長くしようか短くしようか……
自分だけの大切な一枚を
あなたにも編んでもらえたらうれしいです。

野口智子

contents

Vネックカーディガン

シルエットや細部にこだわり「手編み感」を抑えて作った一枚です。

サイズ M、L（モデルはMサイズ着用）

編み方 32ページ

モヘアの2WAYニット

セーターとしても、たっぷりとしたカーディガンとしても、前後2WAYで着られます。

サイズ フリー

編み方 36ページ

グラデーションセーター

裾と袖口にかけて広がるラインは、同じ目数で糸の太さと種類をかえて編んでいるだけ。

サイズ　フリー

編み方　38ページ

セーラーカラーのプルオーバー

大人の女性に似合うセーラーカラーを目指しました。一枚で着られるようにあきは浅めに。

サイズ　フリー

編み方　40ページ

透し模様のカーディガン

透し模様を入れたのは、縦にレースを縫いつけたようなデザインにしたかったから。

サイズ　フリー

編み方　42ページ

リブ編みのセーター

衿の詰まった、少しピタっとしたシルエットのスリムセーター。色違いで何枚も欲しい。

サイズ M、L（モデルはMサイズ着用）

編み方 44ページ

帽子

誰にでもかぶりやすいシンプルなカシミヤの帽子。ちょっとだけ色で遊びました。

サイズ　フリー

編み方　47ページ

ラグランセーター

一見普通のセーターですが、ラグラン線のディテールにこだわった少し特別な一枚。

サイズ M、L（モデルはMサイズ着用）

編み方 48ページ

ラグランワンピース

17ページのセーターをワンピースにアレンジ。衿は少しゆるめのタートルネックに。

サイズ　M、L（モデルはMサイズ着用）

編み方　48ページ

編込みセーター

カラフルな編込みにゴールドの糸を入れることで、ほっこりした雰囲気を引き締めました。

サイズ　フリー

編み方　53ページ

丸ヨークのつぶつぶセーター

首回りに編んだボッブルのつぶつぶは、アクセサリーをまとったイメージです。

サイズ M、L（モデルはMサイズ着用）

編み方 58ページ

アラン風ワイドセーター

身幅のたっぷりしたアランなので、重くならないように編み地を工夫してデザインしました。

サイズ　フリー

編み方　61ページ

スカート

長めのタイトスカートは、縦に流れる模様ですっきり感を出しています。

サイズ　フリー

編み方　60ページ

ヘアバンド

ニットのヘアバンドは、一日中つけていても痛くならないのがいいところ。

編み方 74ページ

パッチワーク風ストールとミトン

いろいろな編み地とカラーをパッチワークのように組み合わせた、ストールとミトン。

編み方

ストール66ページ　ミトン68ページ

毛糸のパンツ

誰にも見せないけれど見せたくなるような、カシミヤの贅沢な毛糸のパンツ。

サイズ　フリー

編み方　70ページ

バッグ

大好きなニットの巾着バッグは、長財布が入るこのくらいのサイズが使いやすい。

編み方
72ページ

Vネックカーディガン　写真4-5ページ

◎**糸**　ハマナカ ソノモノロイヤルアルパカ（25g玉巻き）
グレー（144）**M**300g　**L**330g

◎**針**　9号2本棒針

◎**その他**　直径1.4㎝のくるみスナップ（白）5組み

◎**ゲージ**　メリヤス編み　20目28段が10㎝四方

◎**サイズ**　**M** 胸囲102㎝　着丈58㎝　ゆき82㎝
L 胸囲109㎝　着丈59.5㎝　ゆき85㎝

◎**編み方**　糸は1本どりで編みます。
前後身頃、袖はそれぞれ指に糸をかけて目を作る方法で作り目をし、ねじり1目ゴム編みとメリヤス編みで図のように編みます。見返しも同様に作り目をし、1目ゴム編みで編み、後ろ中央をかぶせ引抜きはぎにします。身頃と袖のラグラン線をすくいとじでとじますが、合い印の部分はメリヤスはぎにします。見返しを前端から衿ぐりに、すくいとじと目と段のはぎでつけ、裏側に折ってまつり、裾もまつります。脇と袖下を続けてすくいとじにし、前身頃にスナップを縫いつけます。

※指定以外は**M**、**L**共通

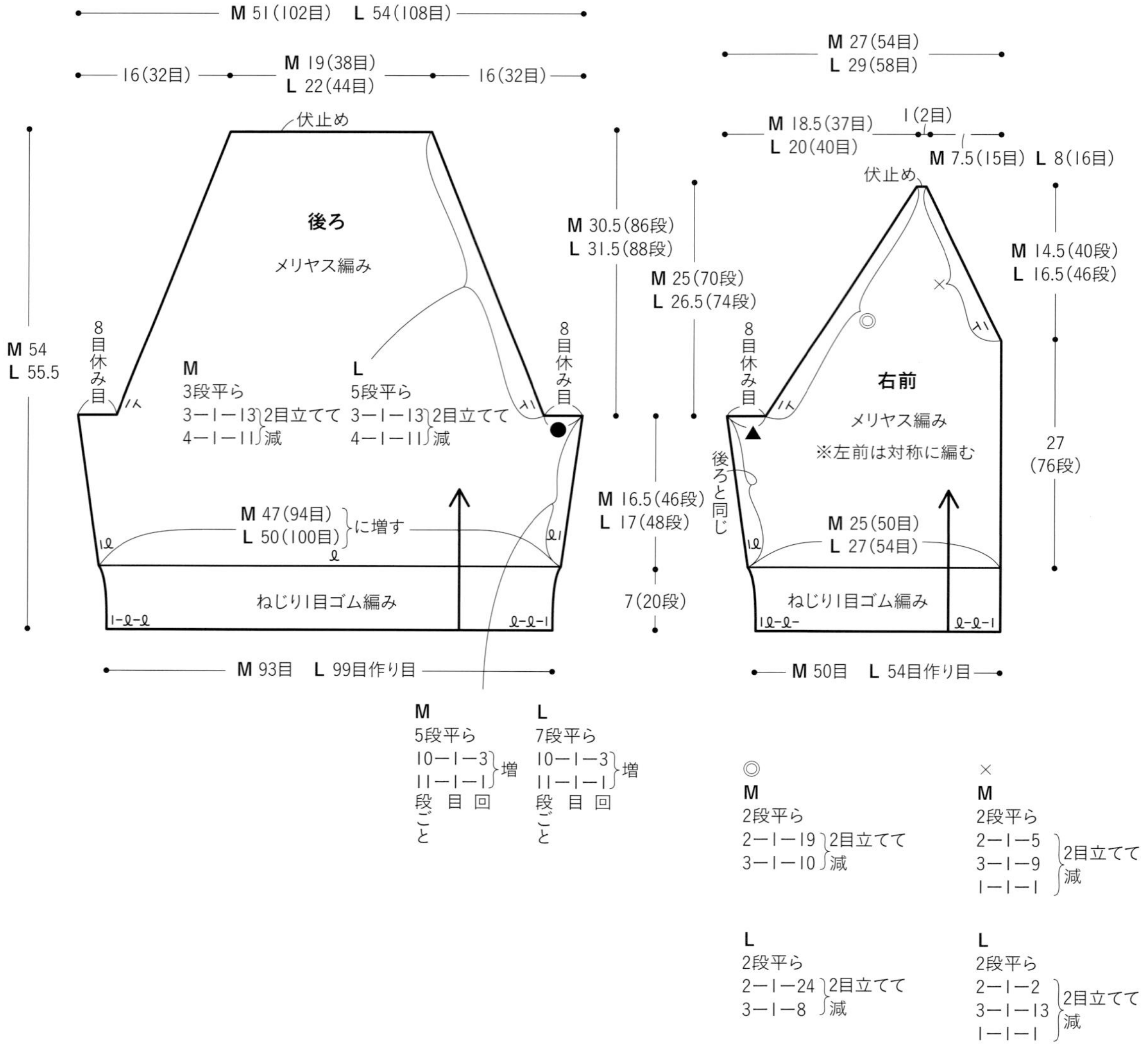

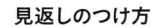

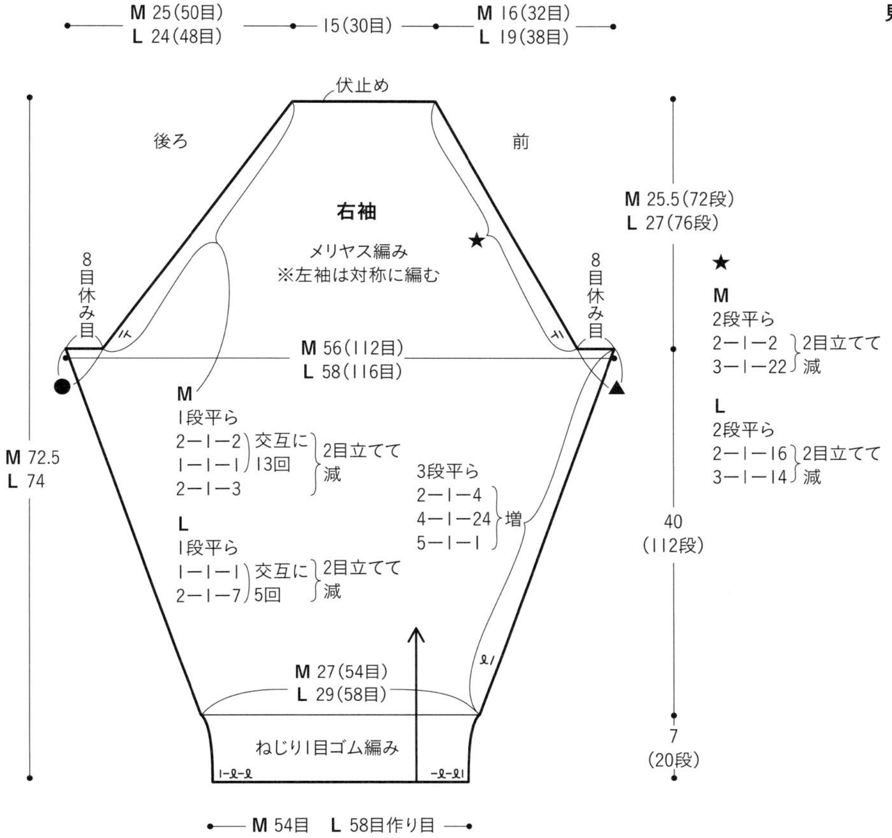
M 25(50目)
L 24(48目)
15(30目)
M 16(32目)
L 19(38目)
伏止め
後ろ
前
右袖
メリヤス編み
※左袖は対称に編む
8目休み目
8目休み目
M 56(112目)
L 58(116目)
M 25.5(72段)
L 27(76段)
★
M
2段平ら
2−1−2
3−1−22
2目立てて減
L
2段平ら
2−1−16
3−1−14
2目立てて減
M 72.5
L 74
M
1段平ら
2−1−2
1−1−1
交互に13回
2−1−3
2目立てて減
L
1段平ら
1−1−1
2−1−7
交互に5回
2目立てて減
3段平ら
2−1−4
4−1−24
5−1−1
増
40
(112段)
M 27(54目)
L 29(58目)
ねじり1目ゴム編み
7
(20段)
M 54目 L 58目作り目

見返し 対称に各1枚

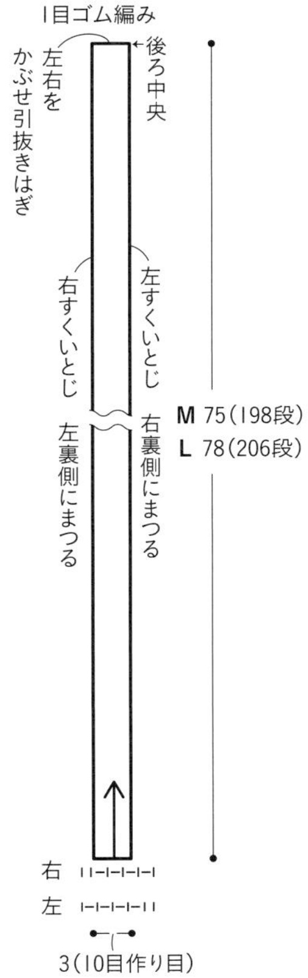
1目ゴム編み
後ろ中央
左右をかぶせ引抜きはぎ
左すくいとじ
右すくいとじ
右裏側にまつる
左裏側にまつる
M 75(198段)
L 78(206段)
右
左
3(10目作り目)

見返しのつけ方

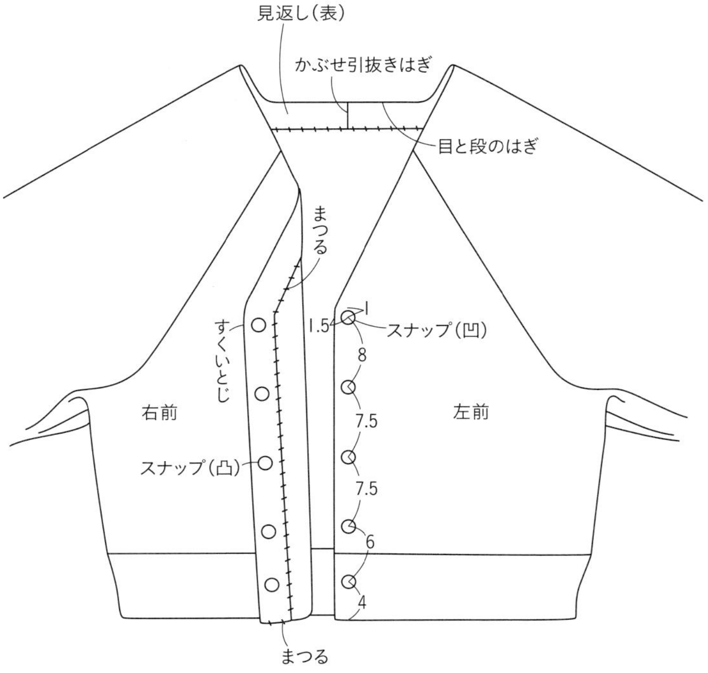
見返し(表)
かぶせ引抜きはぎ
目と段のはぎ
まつる
すくいとじ
1
1.5
スナップ(凹)
8
7.5
7.5
6
4
右前
左前
スナップ(凸)
まつる

ねじり1目ゴム編み記号図

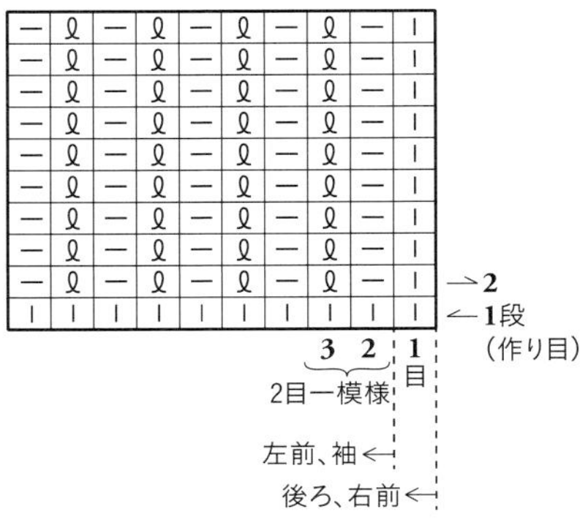
2
1段
(作り目)
3 2
1目
2目一模様
左前、袖
後ろ、右前

後ろの脇の増し方と ラグラン線の減し方

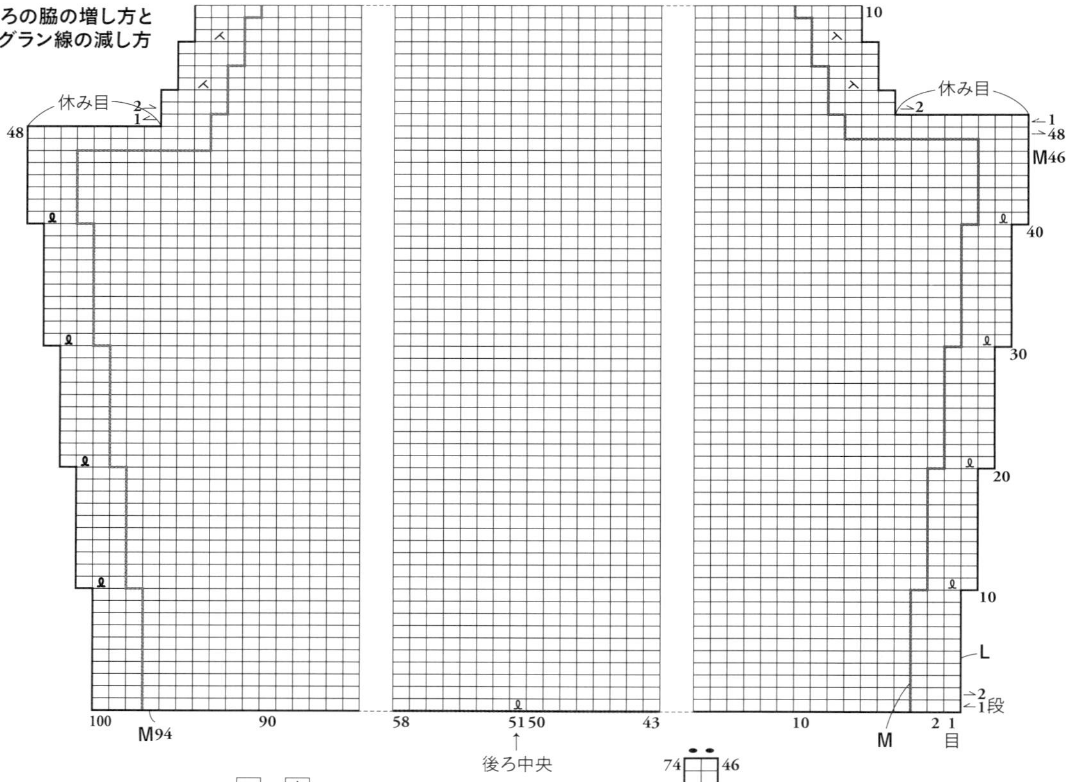

※MはLと同じ要領で増減する

（記号）＝（記号）

（記号）＝（記号） 右上ねじり目

（記号）＝（記号） 左上ねじり目(p.75参照)

目と目の間に渡った糸を
ねじって増す

右前ラグラン線と衿ぐりの減し方

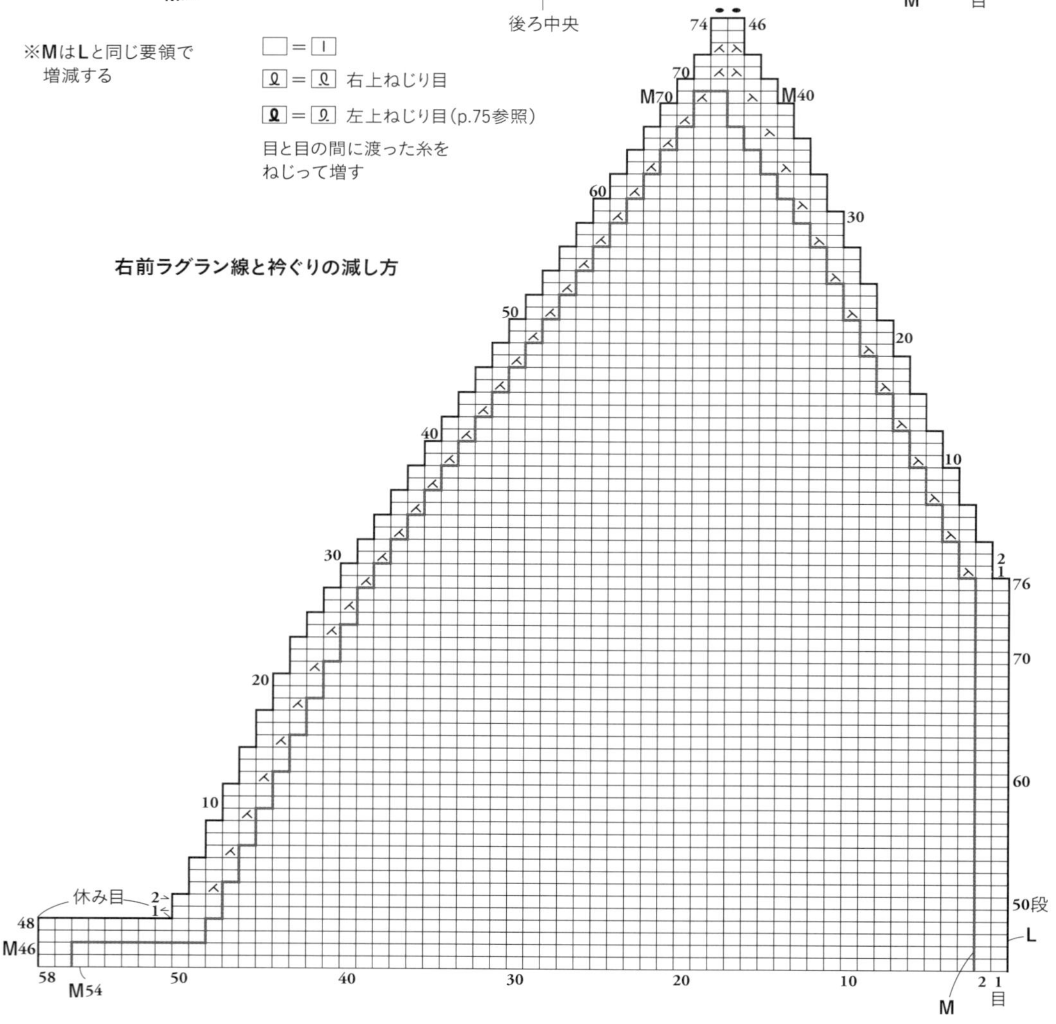

左前ラグラン線と衿ぐりの減し方

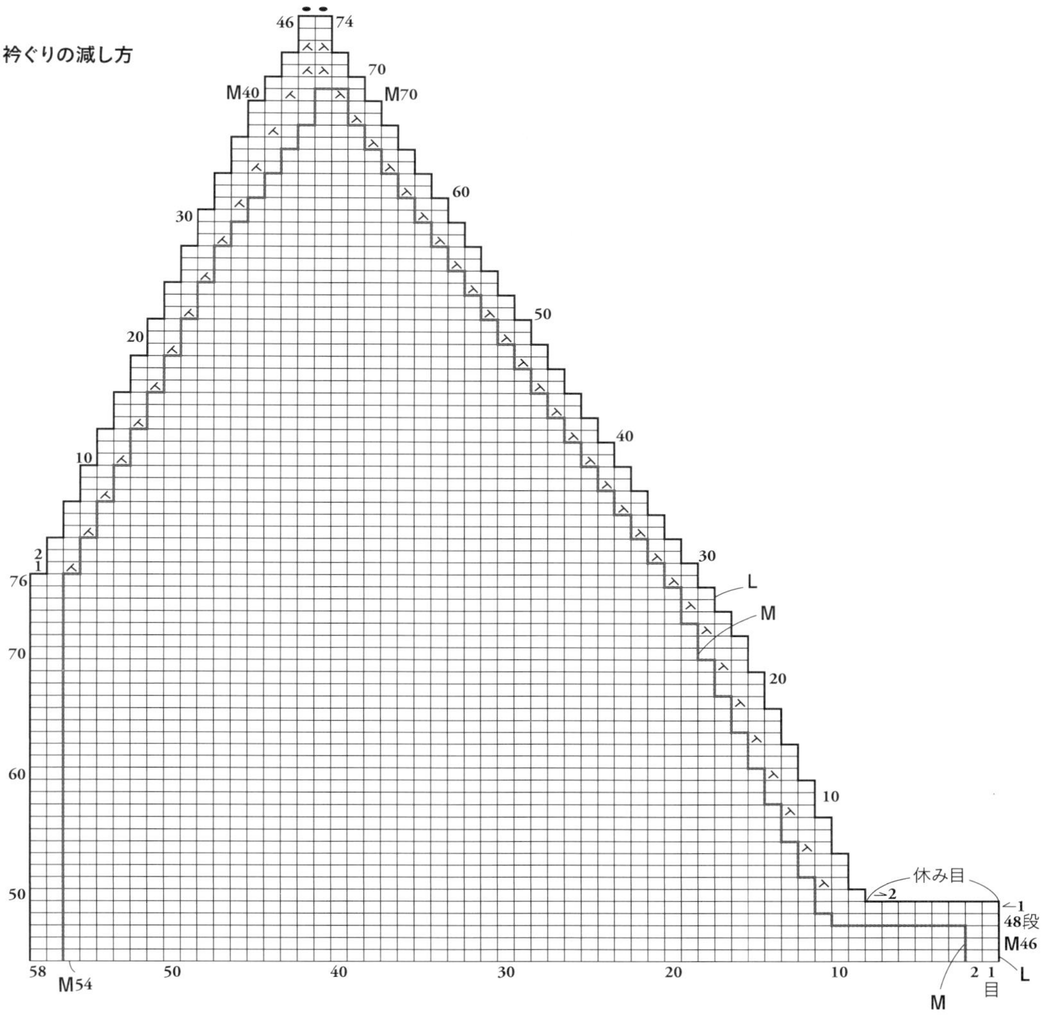

左袖ラグラン線の減し方

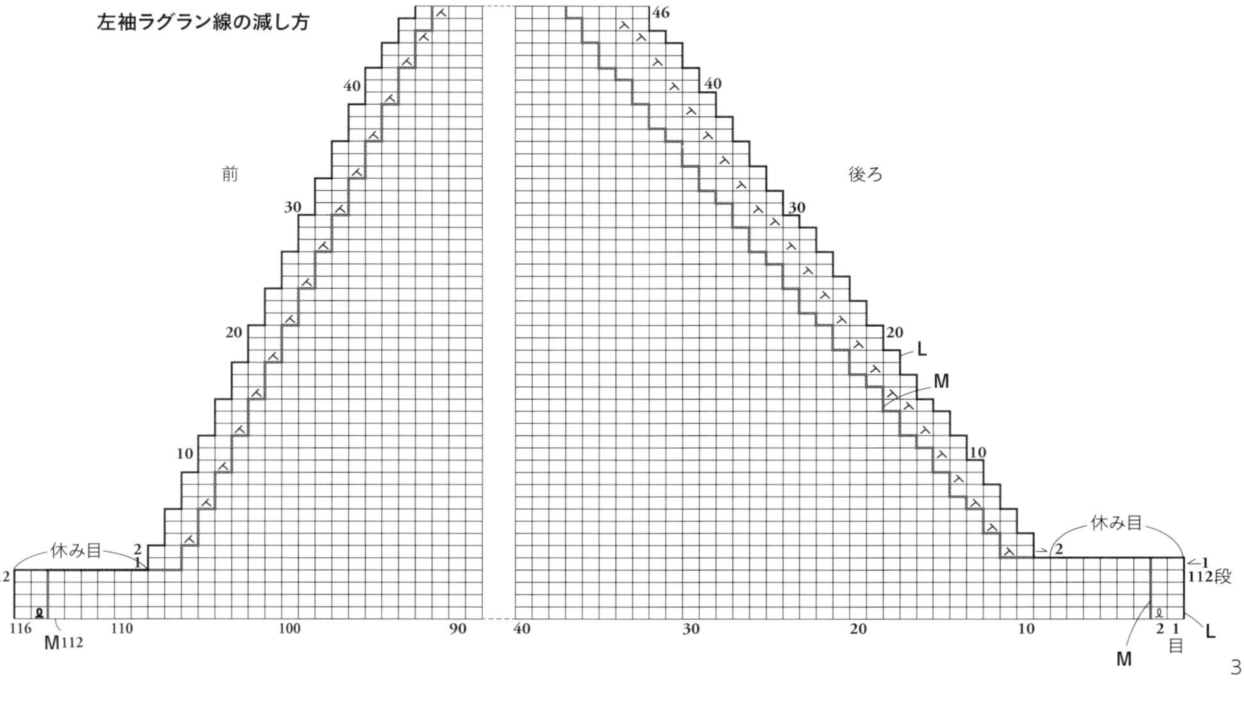

モヘアの2WAYニット　写真6-7ページ

◎糸　リッチモア パーセント
（40g玉巻き）
ピンクベージュ（83）370g
リッチモア エクセレントモヘア〈カウント10〉（20g玉巻き）
ベージュ（3）100g

◎針　6号2本棒針　6号4本棒針
9号輪針（80cm）
※輪針で往復に編む

◎その他　直径1.5cmのボタン12個

◎ゲージ　メリヤス編み
18目24段が10cm四方

◎サイズ　胸囲127cm　着丈61cm
ゆき72cm

◎編み方　糸はパーセントとエクセレントモヘア〈カウント10〉各1本の2本どりで編みます。前後身頃はそれぞれ指に糸をかけて目を作る方法で作り目をし、1目ゴム編みとメリヤス編みで図のように袖まで続けて編みます。肩はメリヤスはぎ、脇はすくいとじ、袖下はメリヤスはぎにします。衿ぐりから拾い目をし、衿を1目ゴム編みで図のように減らしながら編み、1目ゴム編み止めをします。袖口から拾い目をし、1目ゴム編みを輪に編んで1目ゴム編み止めにします。右後ろにボタンをつけます。

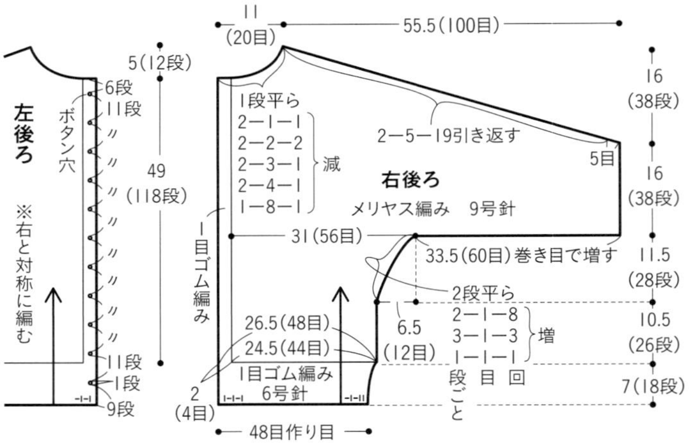

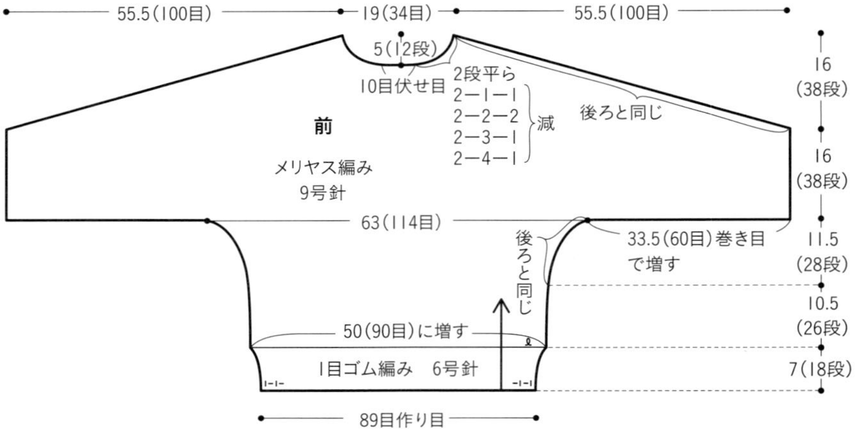

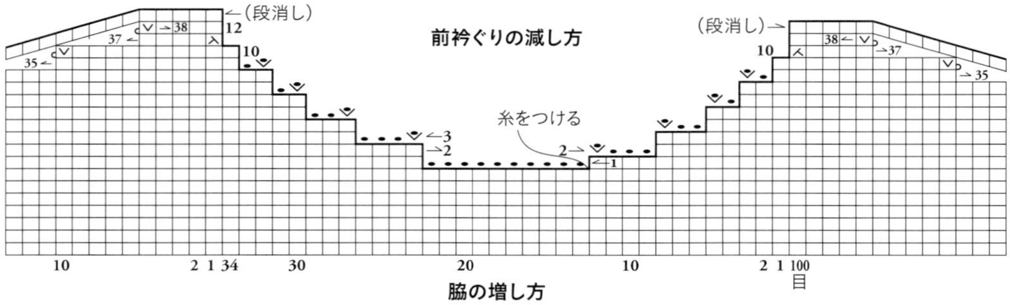

脇の増し方

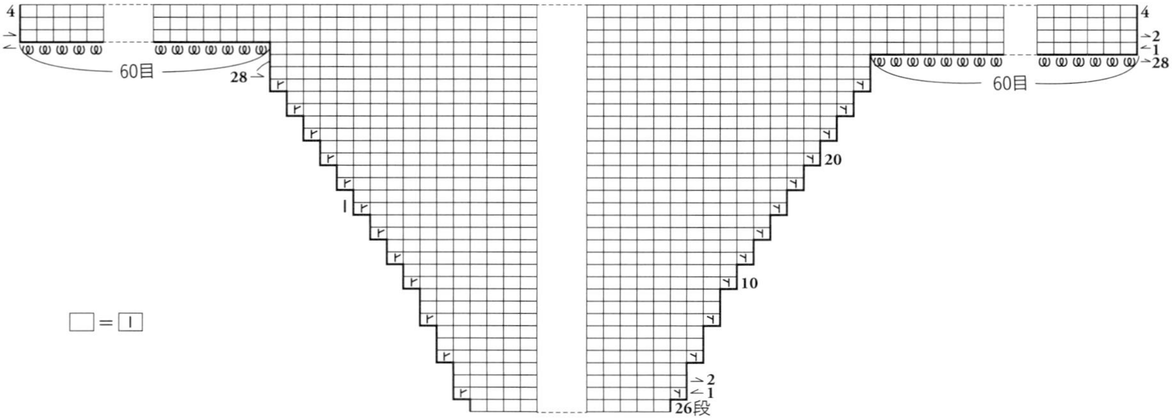

左後ろのボタン穴、引返し編み、衿ぐりの減し方

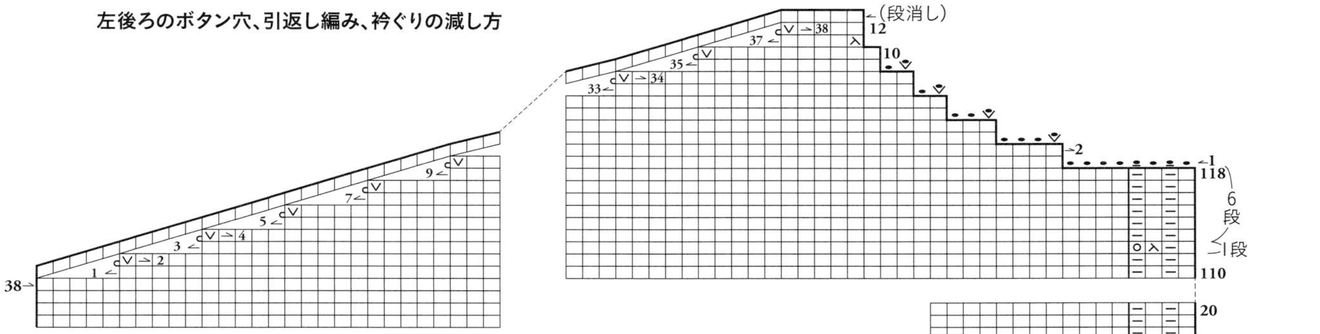

(段消し)
12
10
2
1
118
6段
1段
110
38

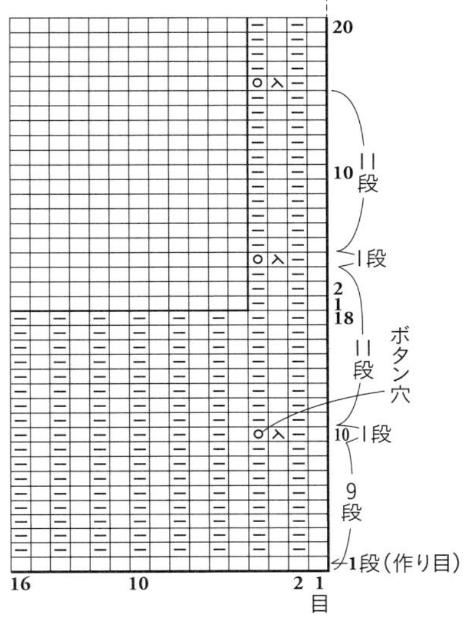

20
11段
1段
18
11段
ボタン穴
1段
9段
1段(作り目)
16
10
2 1
目

右後ろの引返し編みと衿ぐりの減し方

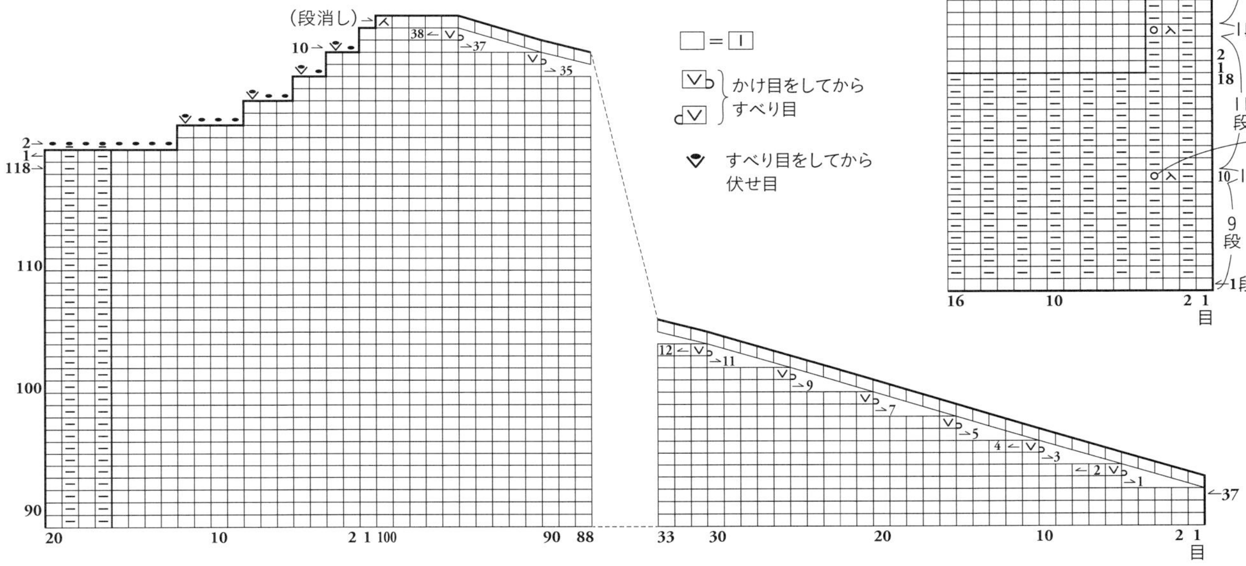

(段消し)
10
2
1
118
110
100
90
20
10
2 1 100
90 88
33 30
20
10
2 1
目
37

□＝□

かけ目をしてから
すべり目

すべり目をしてから
伏せ目

衿の編み方

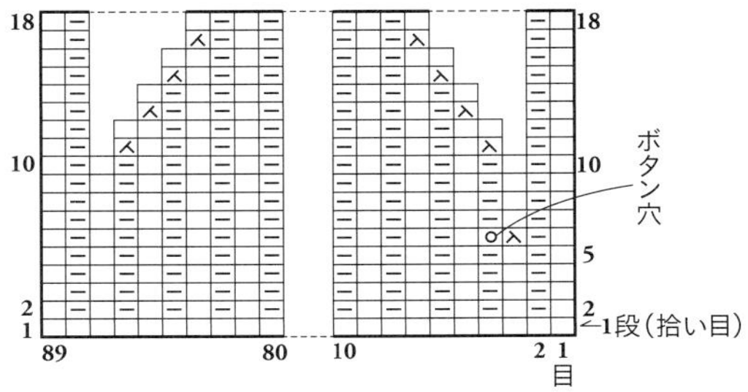

18
10
5
2
1
1段(拾い目)
89
80
10
2 1
目
ボタン穴

衿と袖口

1目ゴム編み　6号針

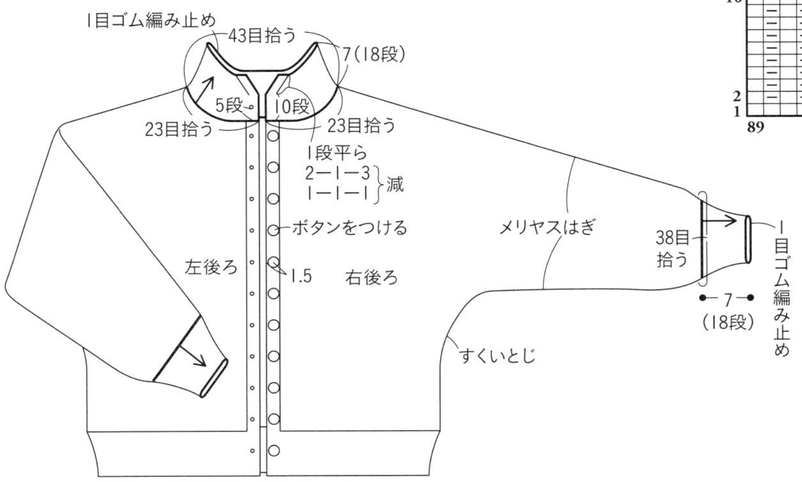

1目ゴム編み止め
43目拾う
7(18段)
5段
10段
23目拾う
23目拾う
1段平ら
2−1−3
1−1−1
減
ボタンをつける
メリヤスはぎ
左後ろ
1.5
右後ろ
38目拾う
1目ゴム編み止め
7
(18段)
すくいとじ

グラデーションセーター 写真8-9ページ

◎**糸**　ハマナカ ソノモノループ（40g玉巻き）茶色（53）370g
ソノモノアルパカウール《並太》（40g玉巻き）
茶色（63）190g
ソノモノアルパカウール（40g玉巻き）茶色（43）140g

◎**針**　6号、12号、15号2本棒針　6号4本棒針

◎**ゲージ**　メリヤス編み
ソノモノループ　10.5目17段が10㎝四方
ソノモノアルパカウール　16.5目20段が10㎝四方
ソノモノアルパカウール《並太》　21目26段が10㎝四方

◎**サイズ**　胸囲92㎝　着丈62㎝　背肩幅36㎝　袖丈57㎝

◎**編み方**　糸は1本どりで、指定の糸で編みます。
前後身頃、袖はそれぞれ指に糸をかけて目を作る方法で作り目をし、1目ゴム編みとメリヤス編みで図のように編みます。肩をかぶせ引抜きはぎにします。衿ぐりから拾い目をし、1目ゴム編みを輪に編み、1目ゴム編み止めにします。脇、袖下をすくいとじにし、袖を引抜きとじでつけます。

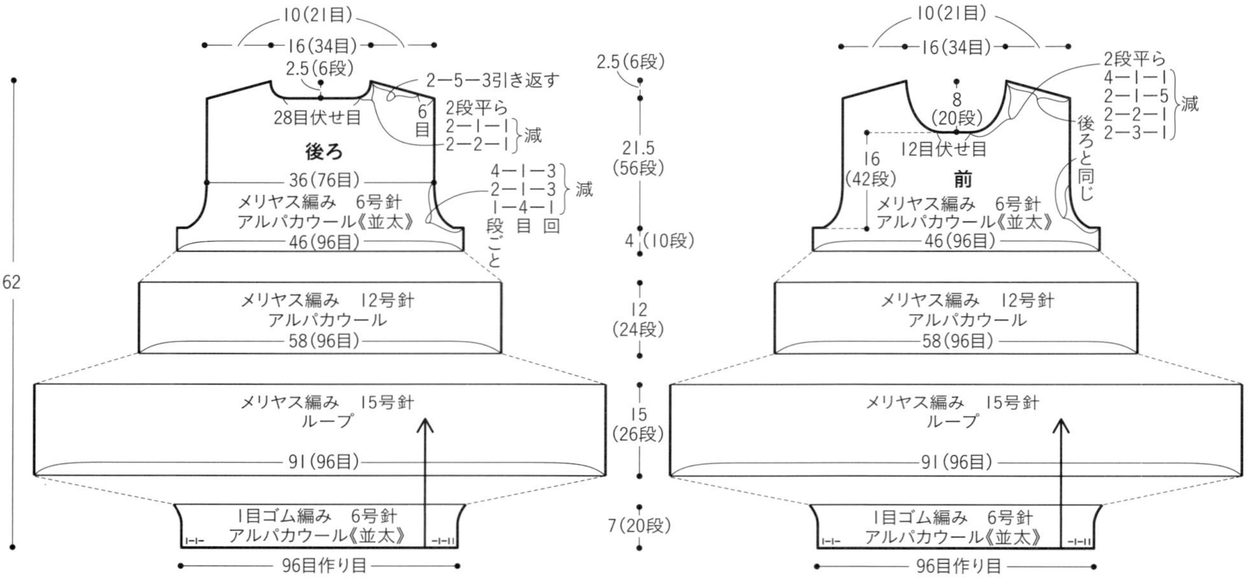

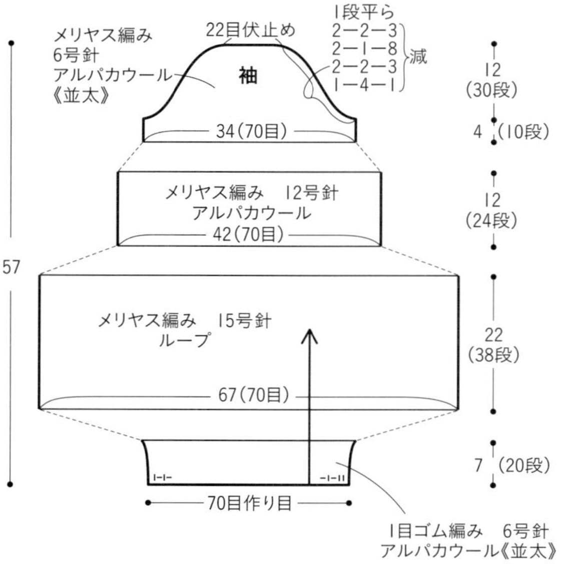

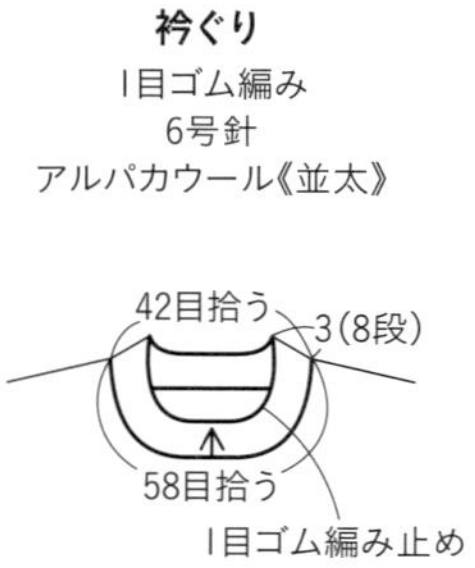

後ろ衿ぐりの減し方と肩の引返し編み

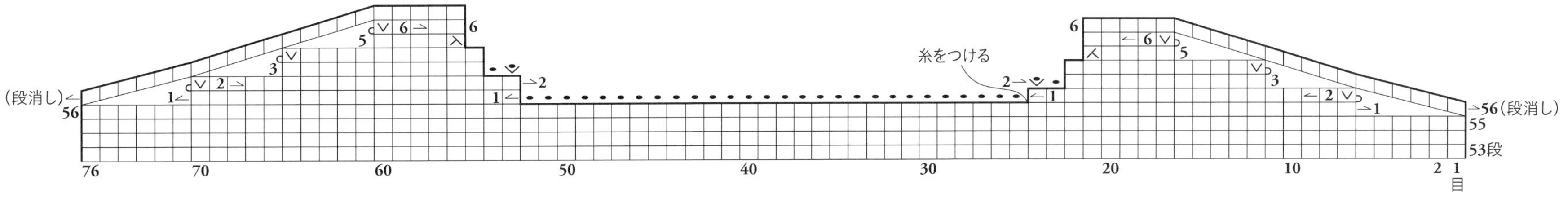

前衿ぐりの減し方と肩の引返し編み

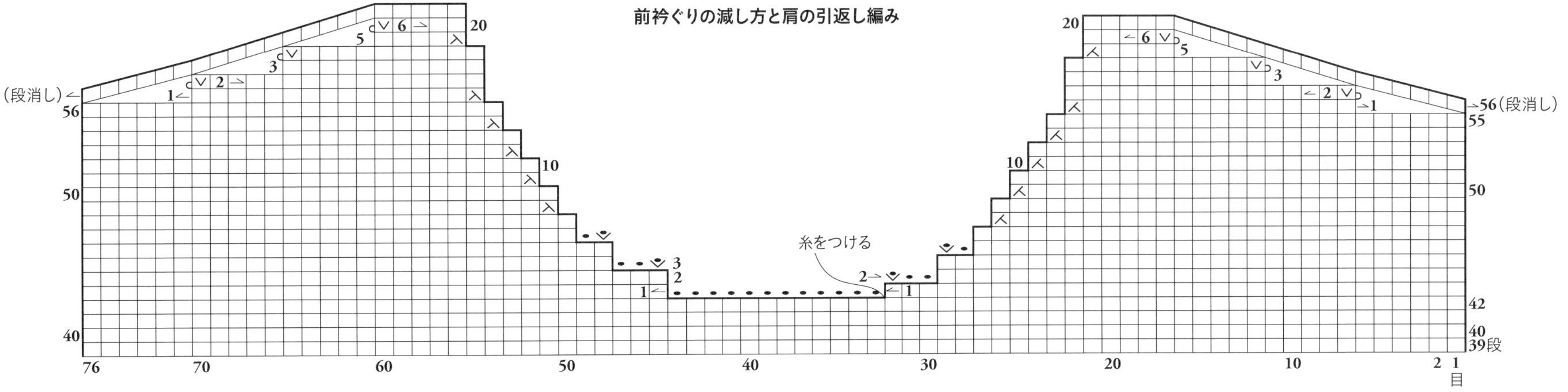

□ = Ｉ

かけ目をしてから
すべり目

すべり目をしてから伏せ目

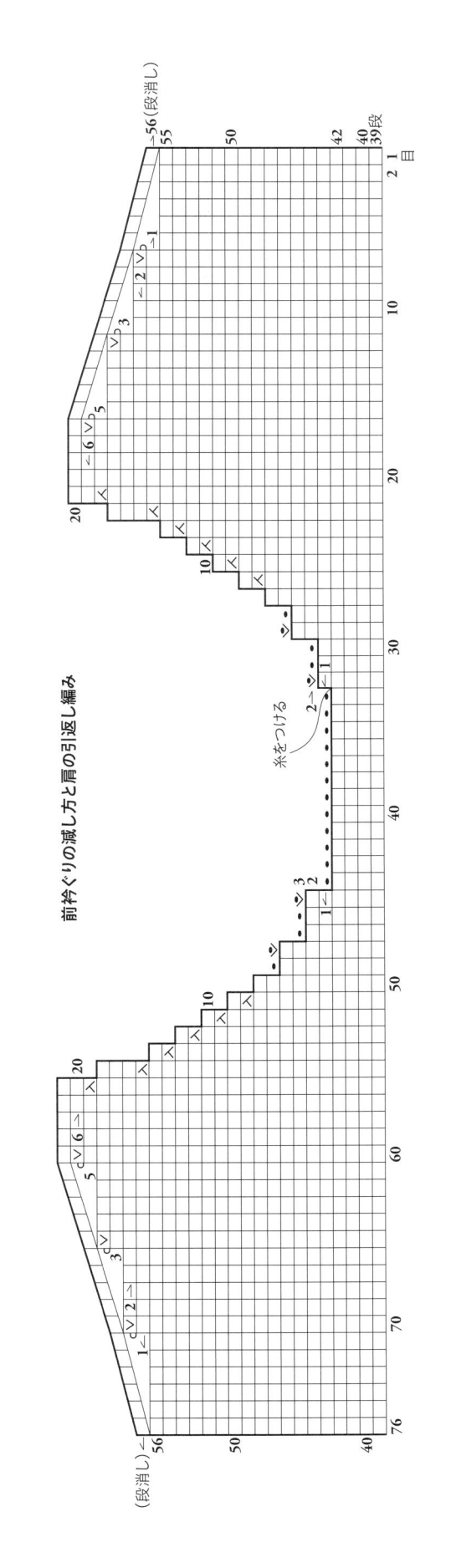

セーラーカラーのプルオーバー　写真10-11ページ

◎糸　ハマナカ アメリー（40g玉巻き）
ネイビーブルー（17）390g

◎針　6号2本棒針

◎ゲージ　メリヤス編み　20目28段が10cm四方
1目ゴム編み（衿）　25目27段が10cm四方

◎サイズ　胸囲96cm　着丈56cm　背肩幅38cm　袖丈54cm

◎編み方　糸は1本どりで編みます。

前後身頃、袖はそれぞれ別糸を使って目を作る方法で作り目をし、メリヤス編みで24段編みます。作り目の別糸をほどいて目を別針にとり、裏側に折って重ね、2目一度に編みます。続けてメリヤス編みで図のように編みます。衿、リボンA、Bは指に糸をかけて目を作る方法で作り目をし、1目ゴム編みで図のように編みます。肩をかぶせ引抜きはぎにし、脇と袖下をすくいとじにします。前後衿ぐりに衿を重ね、引抜きとじでつけます。袖を引抜きとじでつけます。リボンA、Bを図のように形作り、縫いつけます。

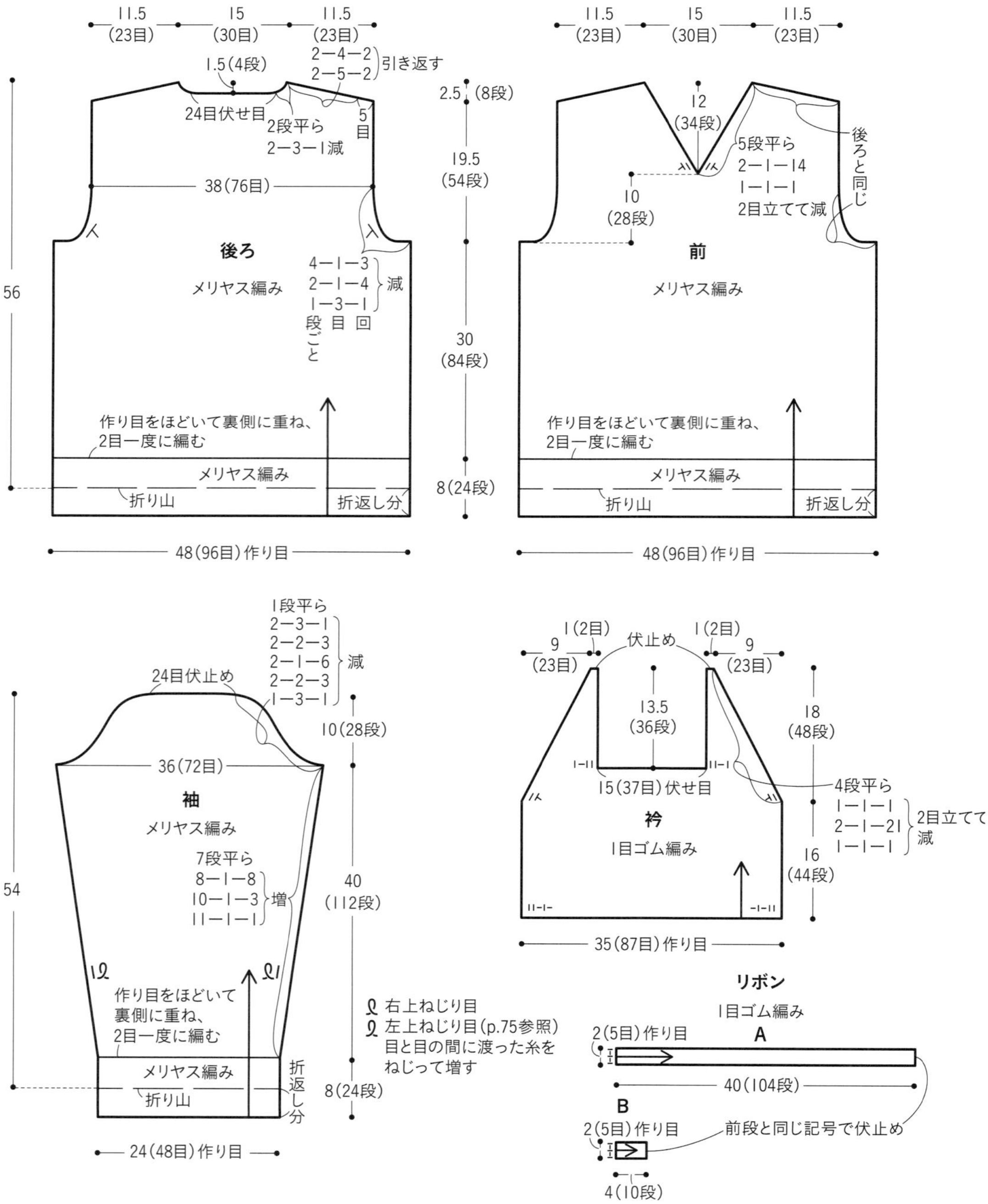

肩の引返し編みと後ろ衿ぐりの減し方

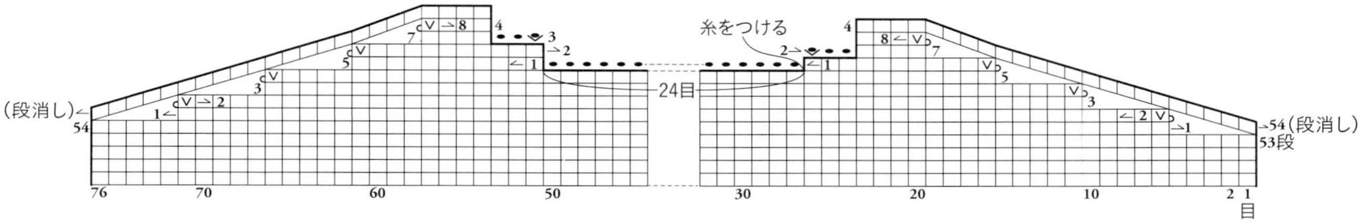

□＝｜

かけ目をしてから
すべり目

すべり目をしてから伏せ目

リボンのまとめ方

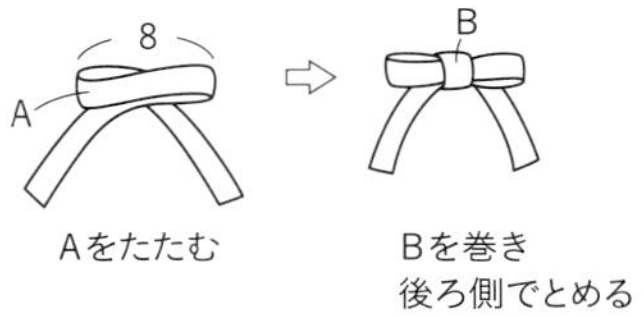

前衿ぐりの減し方

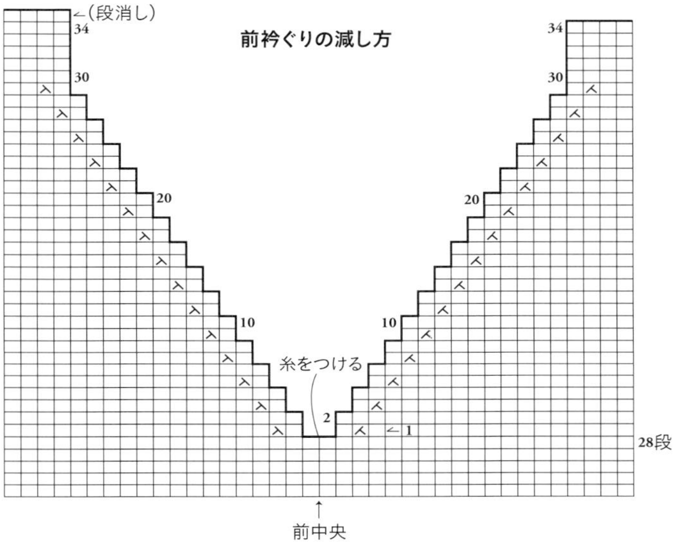

衿の減し方

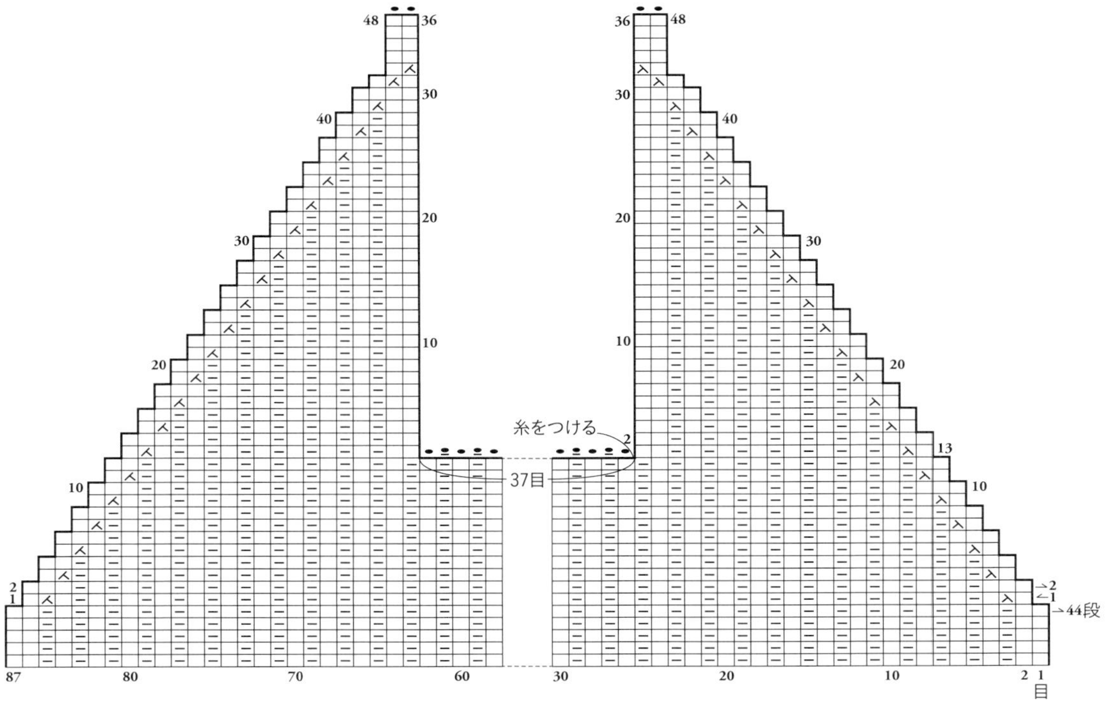

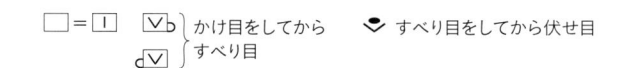

透し模様のカーディガン　写真12-13ページ

◎**糸**　ハマナカ アメリー（40g玉巻き）
12ページ：バタークリーム（2）370g
13ページ：ピュアブラック（52）370g
◎**針**　6号2本棒針
◎**その他**　直径1.5cmのボタン7個
◎**ゲージ**　裏メリヤス編み　20目28段が10cm四方
◎**サイズ**　胸囲101.5cm　着丈55.5cm　背肩幅40.5cm　袖丈48.5cm

◎**編み方**　糸は1本どりで編みます。
前後身頃、袖はそれぞれ指に糸をかけて目を作る方法で作り目をし、1目ゴム編み、裏メリヤス編みと模様編みで図のように編みます。前立ても同様に作り目をし、1目ゴム編みで編みますが、右前にはボタン穴をあけます。肩をかぶせ引抜きはぎにし、脇と袖下はすくいとじにします。衿ぐりから拾い目をし、ガーター編みを編んで伏止めにします。前立てをすくいとじでつけます。袖を引抜きとじでつけ、左前立てにボタンをつけます。

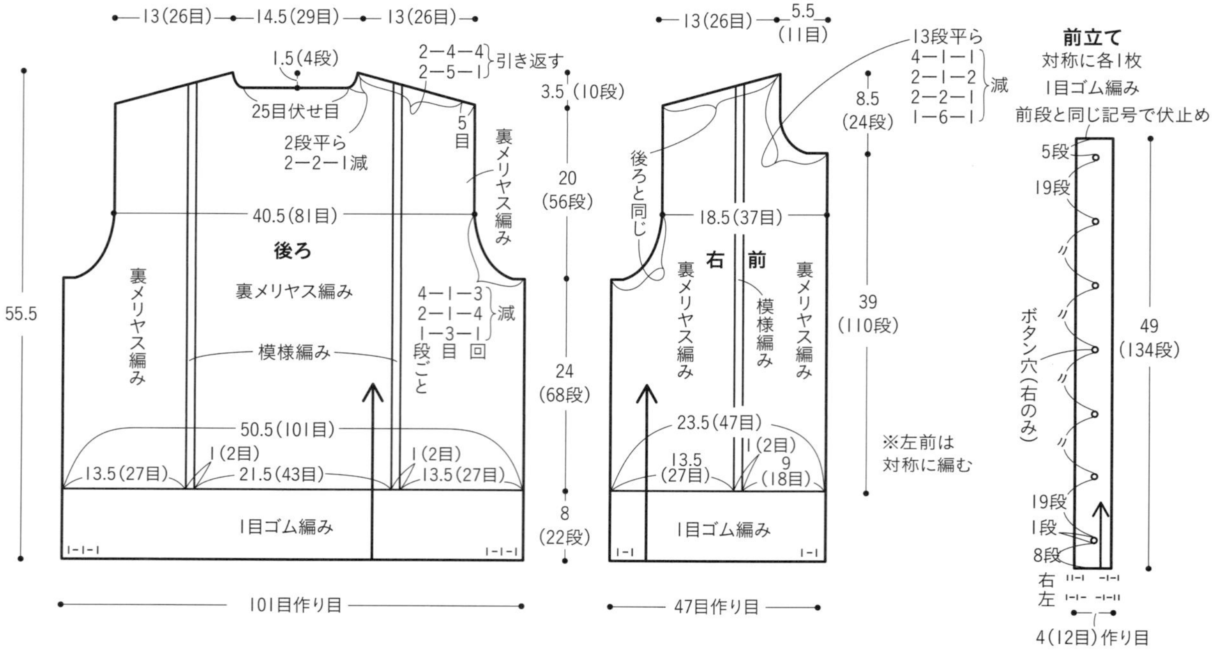

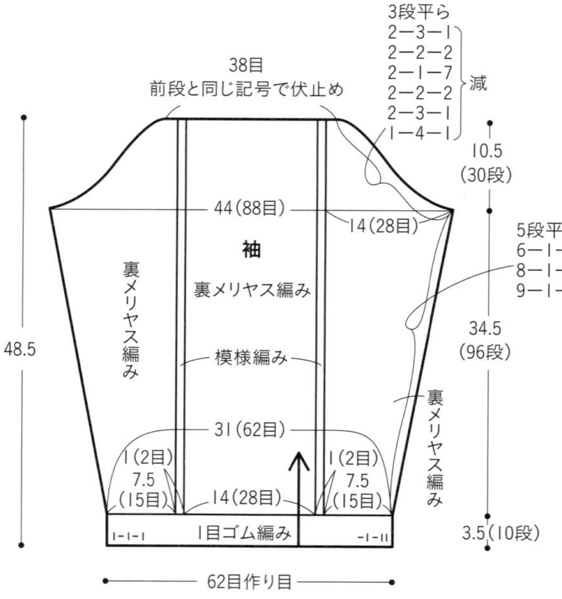

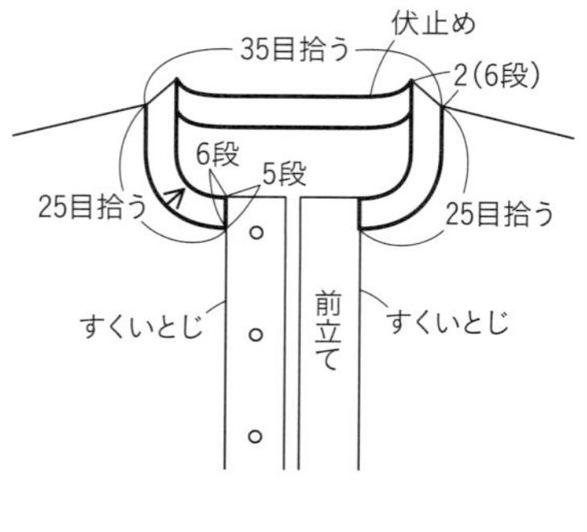

ガーター編み記号図

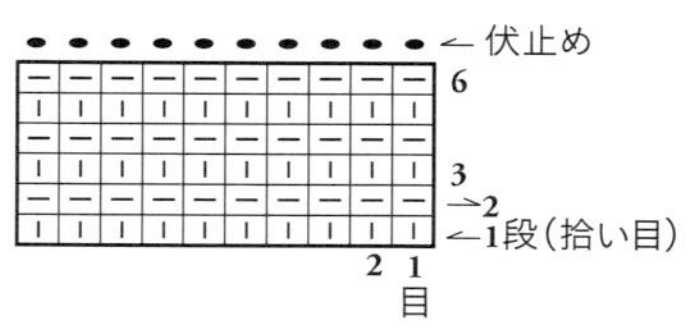

模様編み記号図

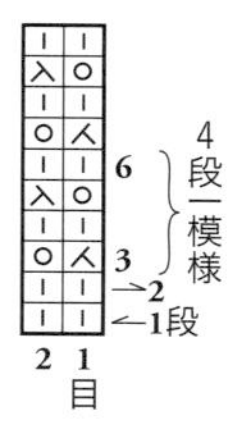

かけ目をしてから
すべり目

すべり目をしてから伏せ目

□ = −

後ろ衿ぐりの減し方と肩の引返し編み

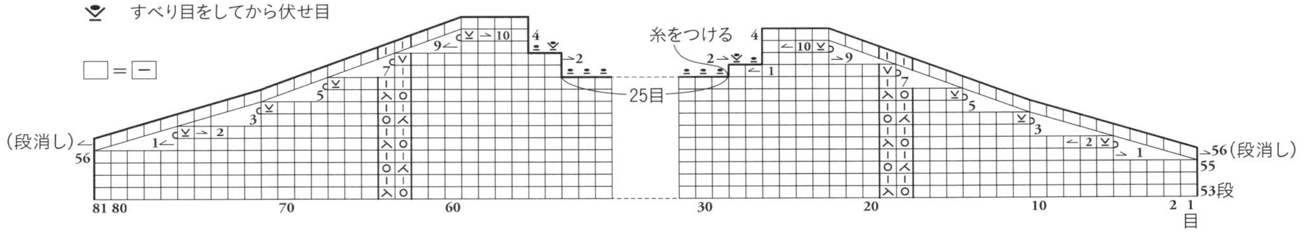

前衿ぐりの減し方と肩の引返し編み

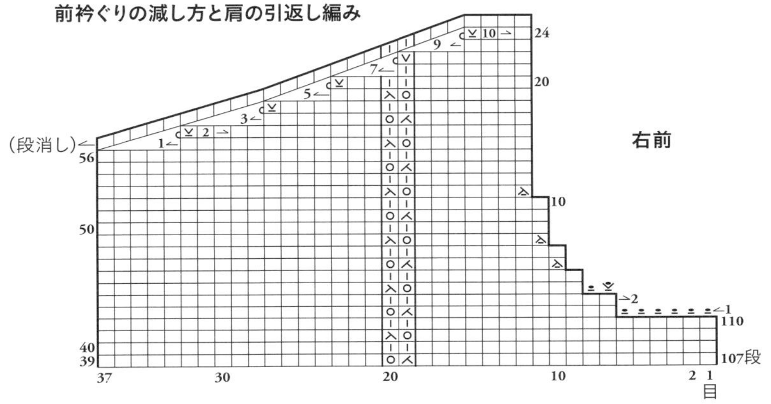

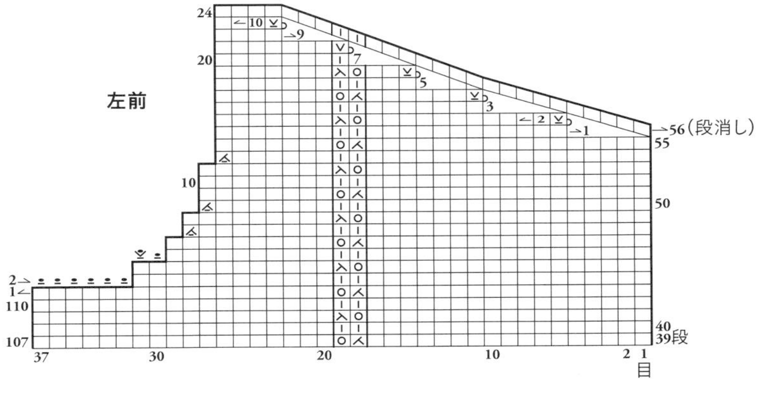

右前立ての編み方

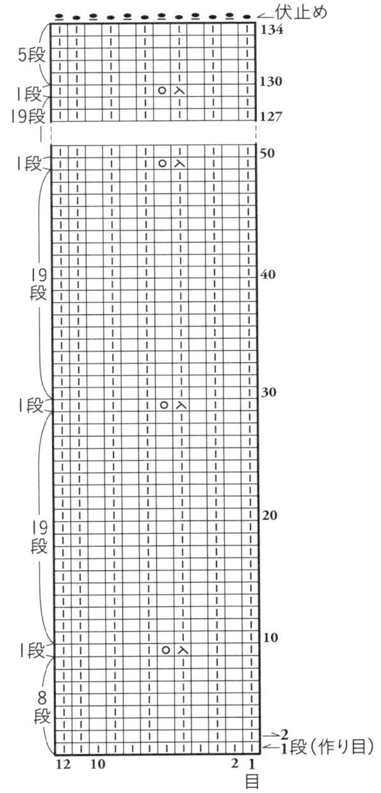

袖下の増し方

右上ねじり目(裏目)

左上ねじり目(裏目)
(p.75参照)

目と目の間に渡った糸を
ねじって増す

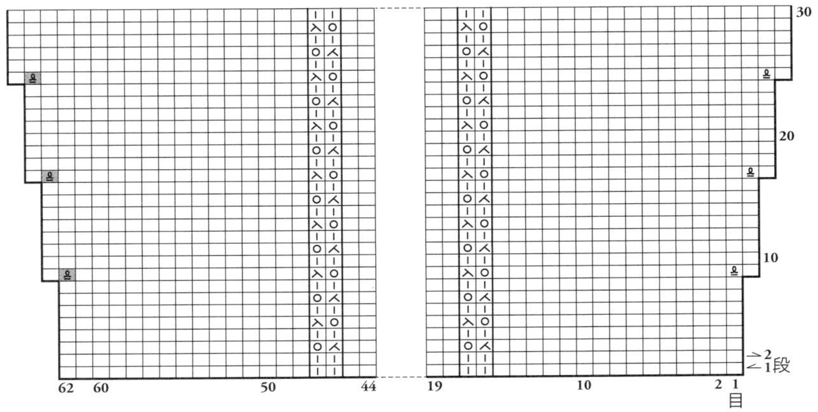

リブ編みのセーター　写真14-15ページ

◎糸　リッチモア パーセント（40g玉巻き）
パープル（52）M350g　L400g
◎針　3号、5号2本棒針　5号4本棒針
◎その他　直径1.2cmのボタン1個
◎ゲージ　変りゴム編み　26目31段が10cm四方
◎サイズ　M 胸囲88cm　着丈55.5cm　背肩幅32cm　袖丈57cm
L 胸囲98cm　着丈57.5cm　背肩幅37cm　袖丈57cm

◎編み方　糸は1本どりで編みます。
前後身頃、袖はそれぞれ指に糸をかけて目を作る方法で作り目をし、1目ゴム編みと変りゴム編みで図のように編みます。後ろ身頃は背あきから左右に分けて編みます。肩をかぶせ引抜きはぎにします。衿ぐりから拾い目をし、ガーター編みを編み、伏止めにします。脇、袖下をすくいとじにし、袖を引抜きとじでつけます。衿ぐりのガーター編みに無理穴のボタン穴をあけ、ボタンをつけます。

※指定以外はM、L共通

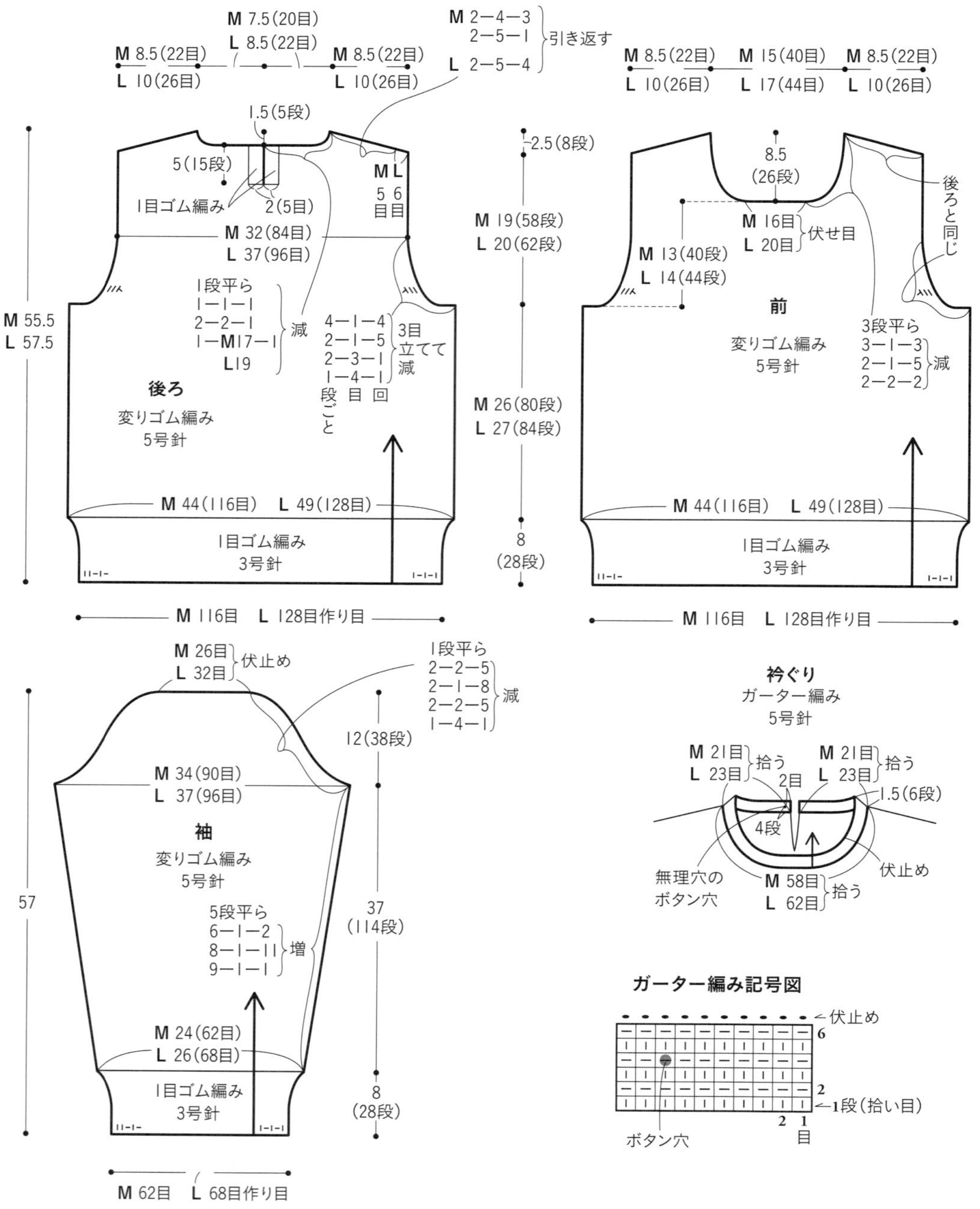

無理穴のあけ方

穴を作る目に針を入れて広げ、
回りをボタンホール・ステッチ
でかがる

前衿ぐりの減し方

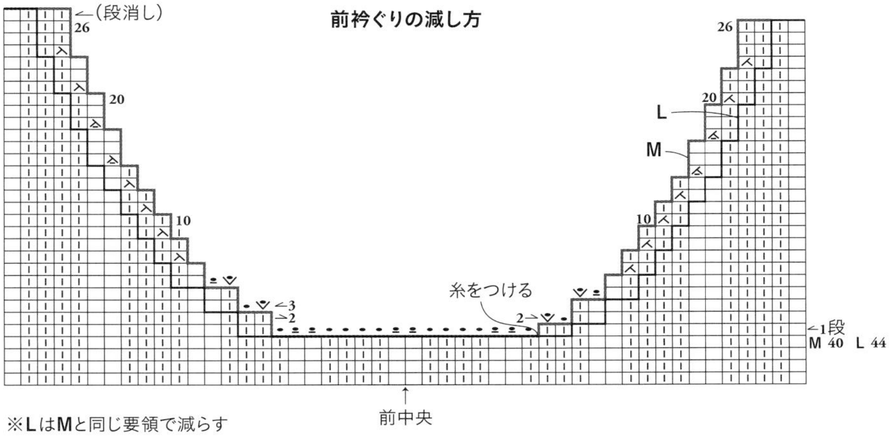

※LはMと同じ要領で減らす

すべり目をしてから伏せ目

変りゴム編み記号図

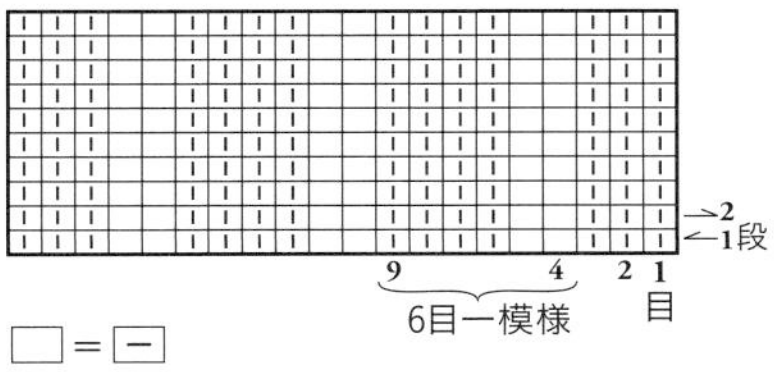

袖ぐりの減し方

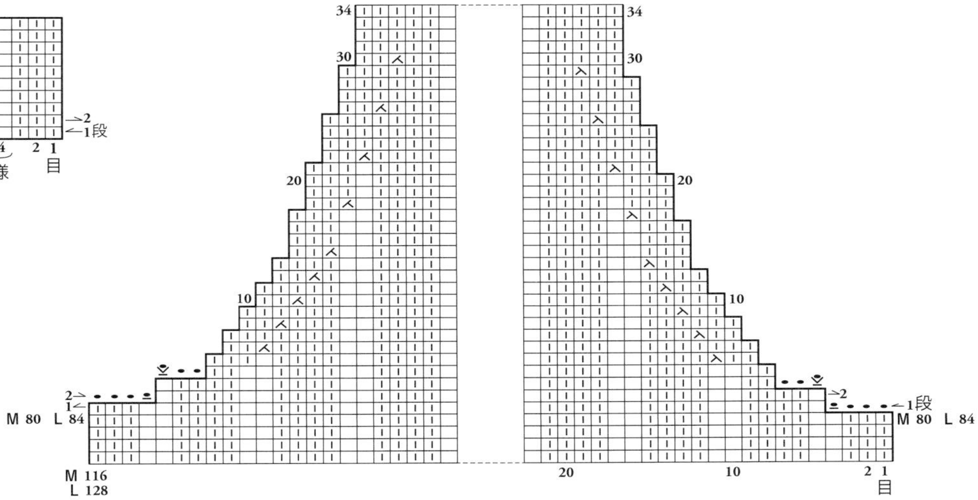

袖下の増し方

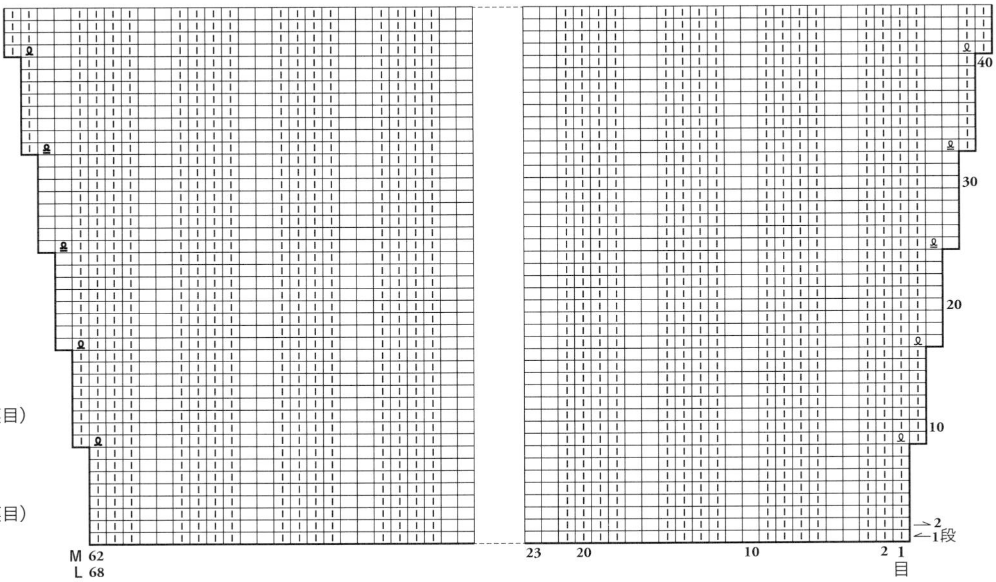

= 右上ねじり目

= 右上ねじり目(裏目)

= 左上ねじり目
(p.75参照)

= 左上ねじり目(裏目)

目と目の間に渡った糸を
ねじって増す

後ろ衿ぐりの減し方、背あき、肩の引返し編み

M

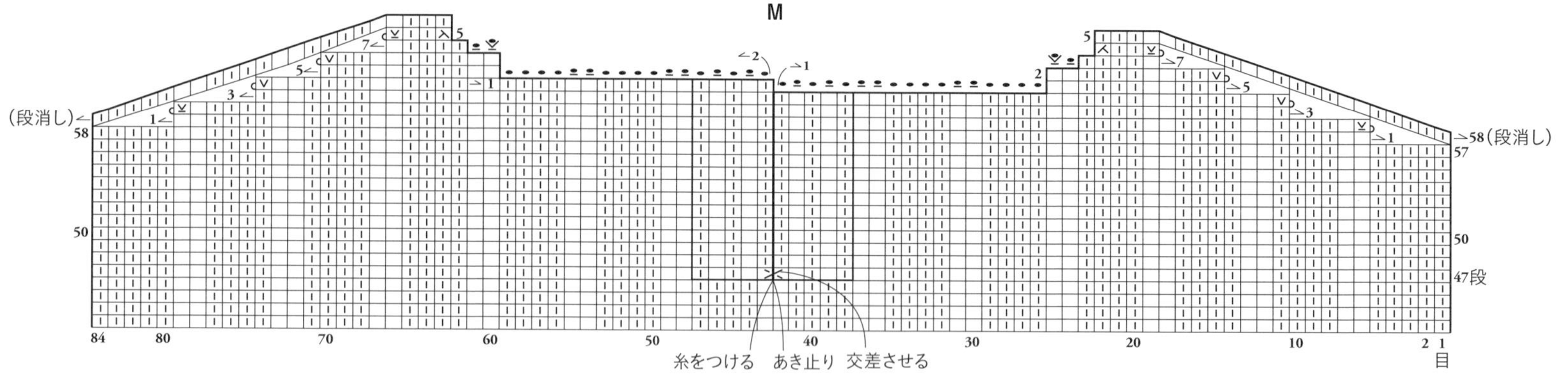

L

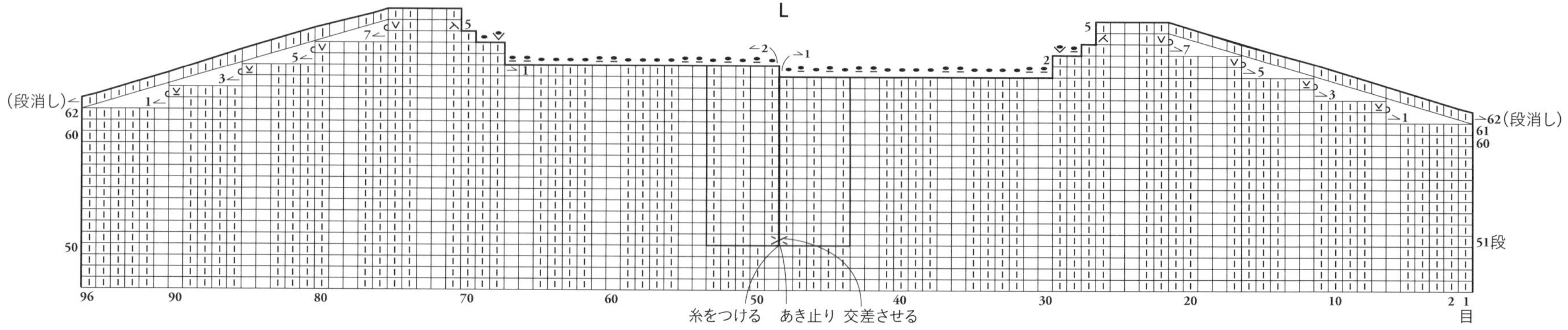

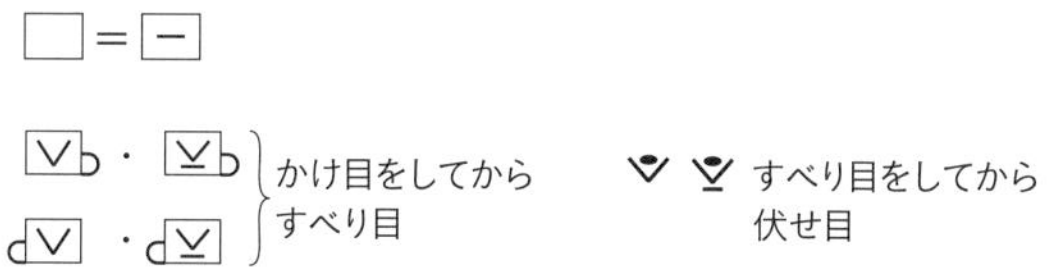

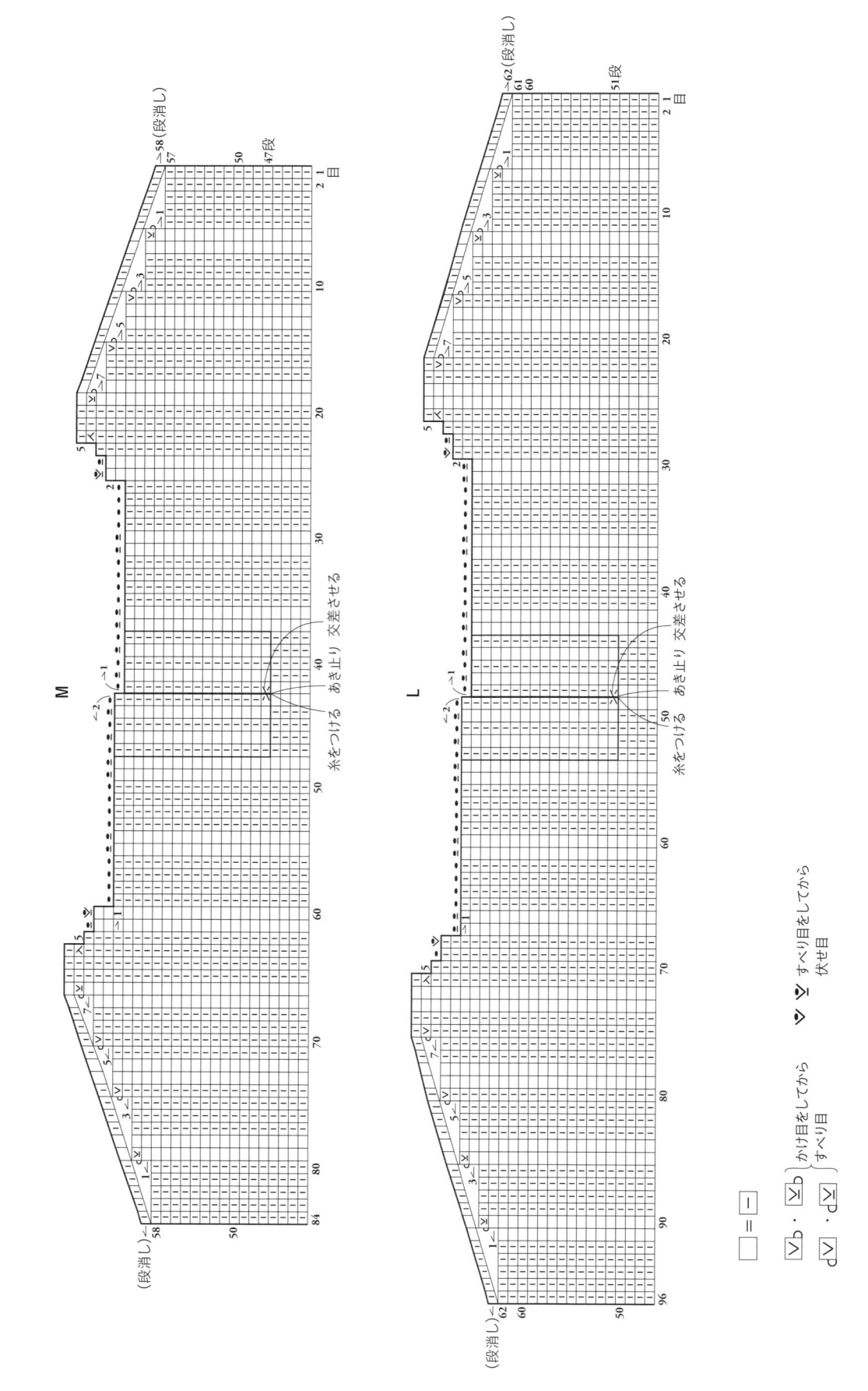

帽子　写真16ページ

◎糸　リッチモア カシミヤ（20g玉巻き）
ライトグレー（106）30g
リッチモア エクセレントモヘア〈カウント10〉
（20g玉巻き）　ピンク（6）5g
◎針　6号4本棒針　4/0号かぎ針
◎ゲージ　メリヤス編み（カシミヤ）　22.5目34段が10cm四方
◎サイズ　頭回り48cm　深さ24.5cm

◎**編み方**　糸は指定以外1本どりで編みます。
エクセレントモヘア〈カウント10〉2本どりで、指に糸をかけて目を作る方法で作り目をして輪にし、メリヤス編みを4段編んで目を休めます。カシミヤで同様に作り目をし、メリヤス編みを4段編んだら先に編んでおいたモヘアを裏側に重ね、2目一度に編みます。続けてメリヤス編みで44段めまで編み、トップを図のように減らします。残った12目に糸を2周通して絞ります。飾りは鎖で作り目をし、細編みで編んで図のようにトップにつけます。

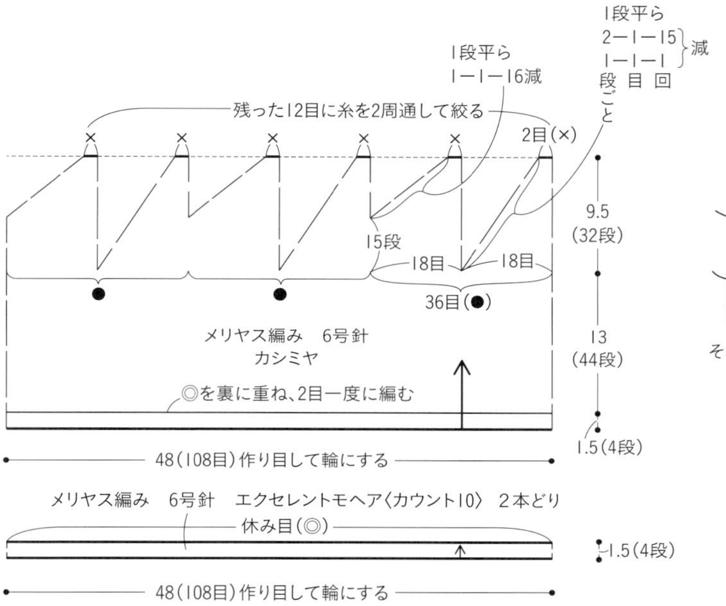

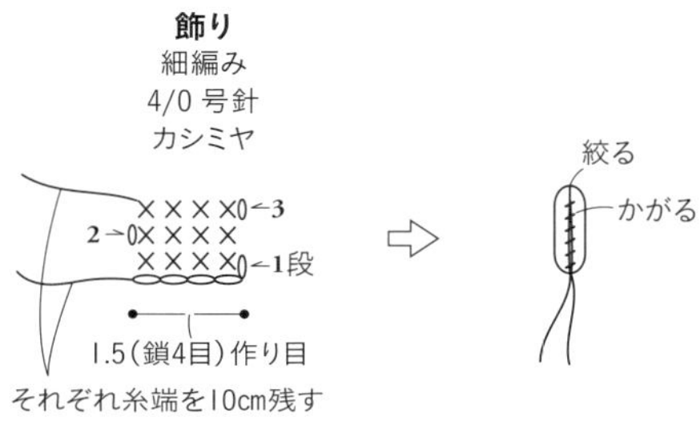

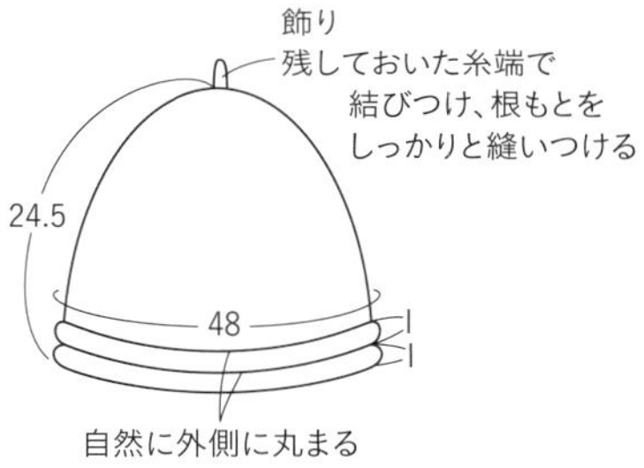

トップの減し方

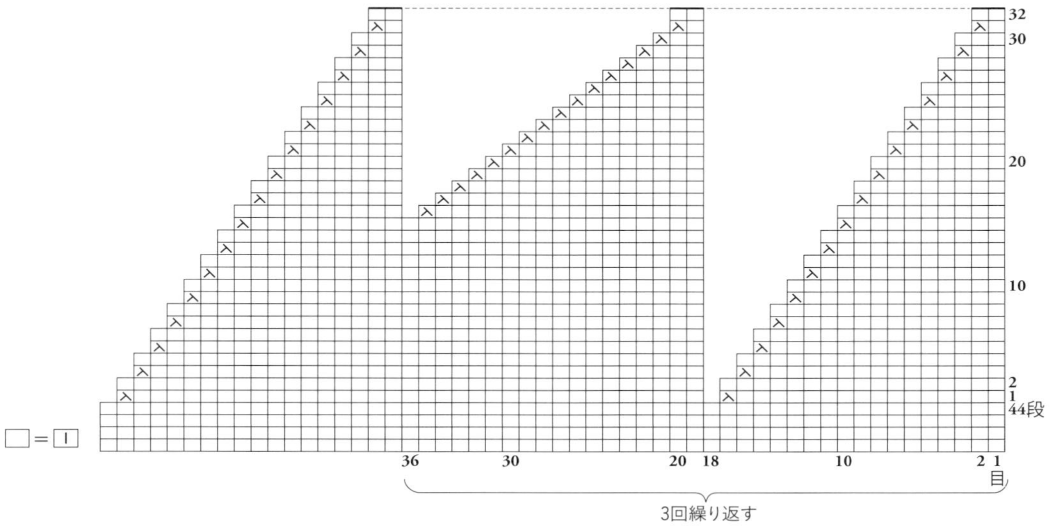

ラグランセーター　写真17ページ
ラグランワンピース　写真18-19ページ

◎**糸**　リッチモア スペクトルモデム（40g玉巻き）
セーター：モスグリーン（43）**M**410g　**L**460g
ワンピース：グレー（57）**M**680g　**L**760g

◎**針**　セーター：6号、8号2本棒針　6号4本棒針
ワンピース：6号、8号2本棒針　8号4本棒針

◎**ゲージ**　メリヤス編み　18目24段が10cm四方

◎**サイズ**　セーター：　**M** 胸囲90cm　着丈63cm　ゆき83cm
L 胸囲96cm　着丈65cm　ゆき84.5cm
ワンピース：**M** 胸囲90cm　着丈106cm　ゆき83cm
L 胸囲96cm　着丈108cm　ゆき84.5cm

◎**編み方**　糸は1本どりで編みます。
前後身頃、袖はそれぞれ指に糸をかけて目を作る方法で作り目をし、1目ゴム編みとメリヤス編みで図のように編みます。前後身頃と袖の合い印をすくいとじと目と段のはぎで合わせます。衿ぐりから拾い目をし、衿を1目ゴム編みで輪に編みますがセーターは6号針、ワンピースは8号針で編み、1目ゴム編み止めにします。脇と袖下を続けてすくいとじにします。

ワンピース

※指定以外は**M**、**L**共通、袖はセーター、ワンピース共通

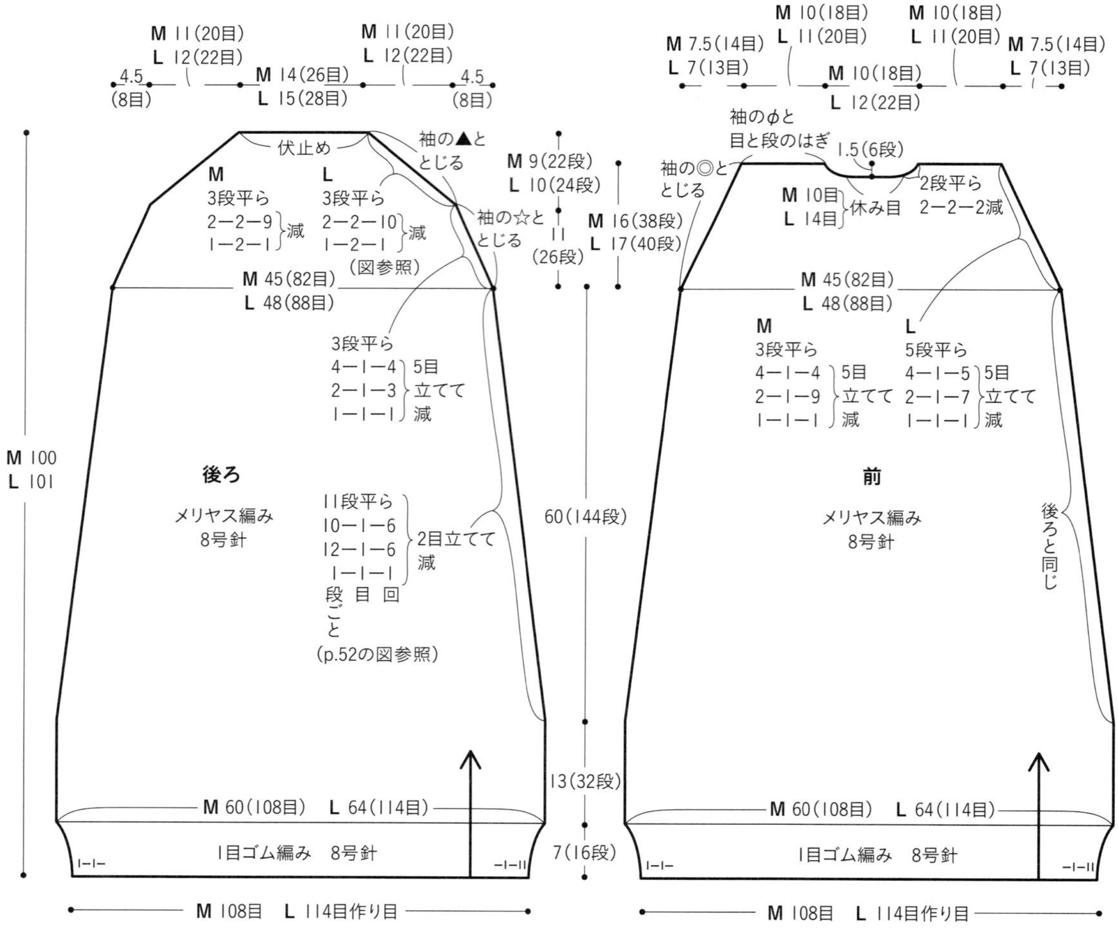

セーター

※指定以外はM、L共通、袖はセーター、ワンピース共通

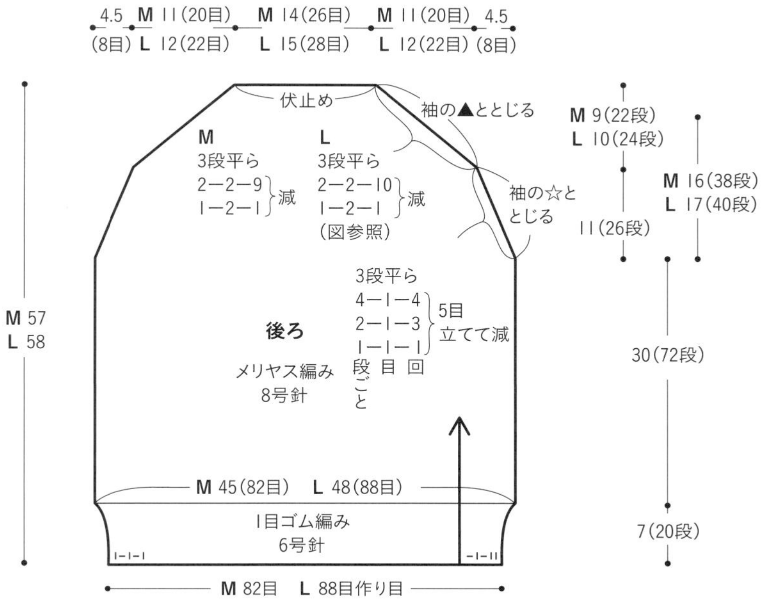

4.5 (8目)
M 11(20目) L 12(22目)
M 14(26目) L 15(28目)
M 11(20目) L 12(22目)
4.5 (8目)
伏止め
袖の▲ととじる
袖の☆ととじる
M
3段平ら
2−2−9
1−2−1
減
L
3段平ら
2−2−10
1−2−1
減
(図参照)
3段平ら
4−1−4
2−1−3
1−1−1
段 目 回ごと
5目立てて減
後ろ
メリヤス編み
8号針
M 57
L 58
M 45(82目) L 48(88目)
1目ゴム編み
6号針
1-1-1
-1-11
M 82目 L 88目作り目
M 9(22段)
L 10(24段)
11(26段)
M 16(38段)
L 17(40段)
30(72段)
7(20段)

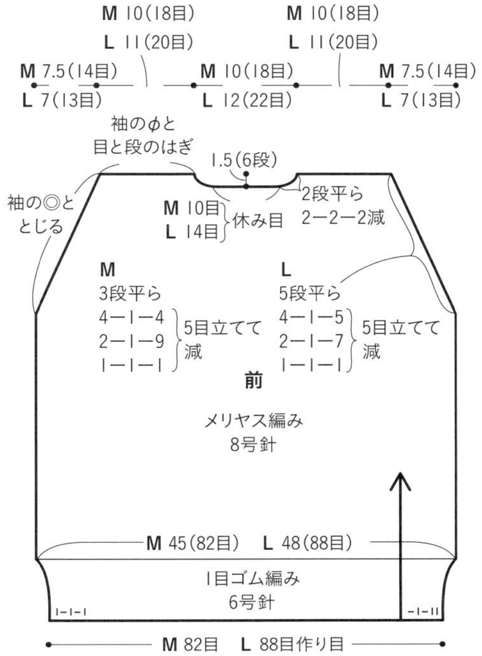

M 10(18目)
L 11(20目)
M 10(18目)
L 11(20目)
M 7.5(14目)
L 7(13目)
M 10(18目)
L 12(22目)
M 7.5(14目)
L 7(13目)
袖のφと目と段のはぎ
1.5(6段)
2段平ら
2−2−2減
M 10目
L 14目
休み目
袖の◎ととじる
M
3段平ら
4−1−4
2−1−9
1−1−1
5目立てて減
L
5段平ら
4−1−5
2−1−7
1−1−1
5目立てて減
前
メリヤス編み
8号針
M 45(82目) L 48(88目)
1目ゴム編み
6号針
1-1-1
-1-11
M 82目 L 88目作り目

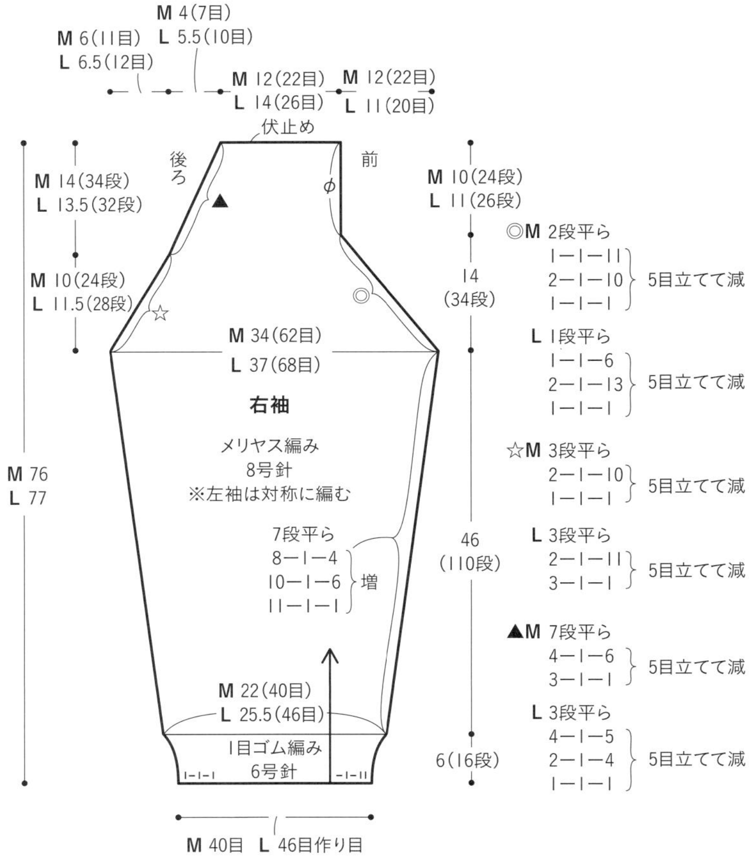

M 4(7目)
L 5.5(10目)
M 6(11目)
L 6.5(12目)
M 12(22目)
L 14(26目)
M 12(22目)
L 11(20目)
伏止め
後ろ
前
▲
φ
◎
☆
M 14(34段)
L 13.5(32段)
M 10(24段)
L 11.5(28段)
M 76
L 77
M 34(62目)
L 37(68目)
右袖
メリヤス編み
8号針
※左袖は対称に編む
7段平ら
8−1−4
10−1−6
11−1−1
増
M 22(40目)
L 25.5(46目)
1目ゴム編み
6号針
1-1-1
-1-11
M 40目 L 46目作り目
M 10(24段)
L 11(26段)
14
(34段)
46
(110段)
6(16段)
◎M 2段平ら
1−1−11
2−1−10
1−1−1
5目立てて減
L 1段平ら
1−1−6
2−1−13
1−1−1
5目立てて減
☆M 3段平ら
2−1−10
1−1−1
5目立てて減
L 3段平ら
2−1−11
3−1−1
5目立てて減
▲M 7段平ら
4−1−6
3−1−1
5目立てて減
L 3段平ら
4−1−5
2−1−4
1−1−1
5目立てて減

セーターの衿 1目ゴム編み
6号針

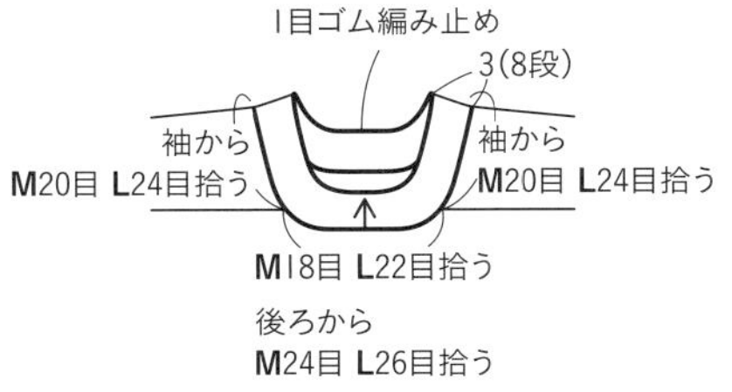

1目ゴム編み止め
3(8段)
袖から
M20目 L24目拾う
袖から
M20目 L24目拾う
M18目 L22目拾う
後ろから
M24目 L26目拾う

ワンピースの衿 1目ゴム編み
8号針

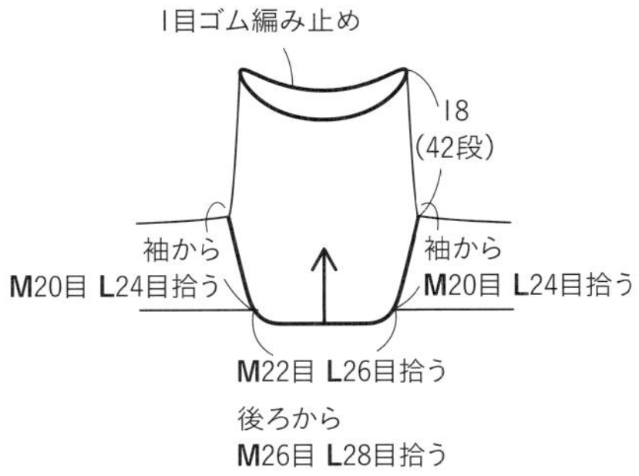

1目ゴム編み止め
18
(42段)
袖から
M20目 L24目拾う
袖から
M20目 L24目拾う
M22目 L26目拾う
後ろから
M26目 L28目拾う

後ろラグラン線の減し方

□ = I

※MはLと同じ要領で
増減する

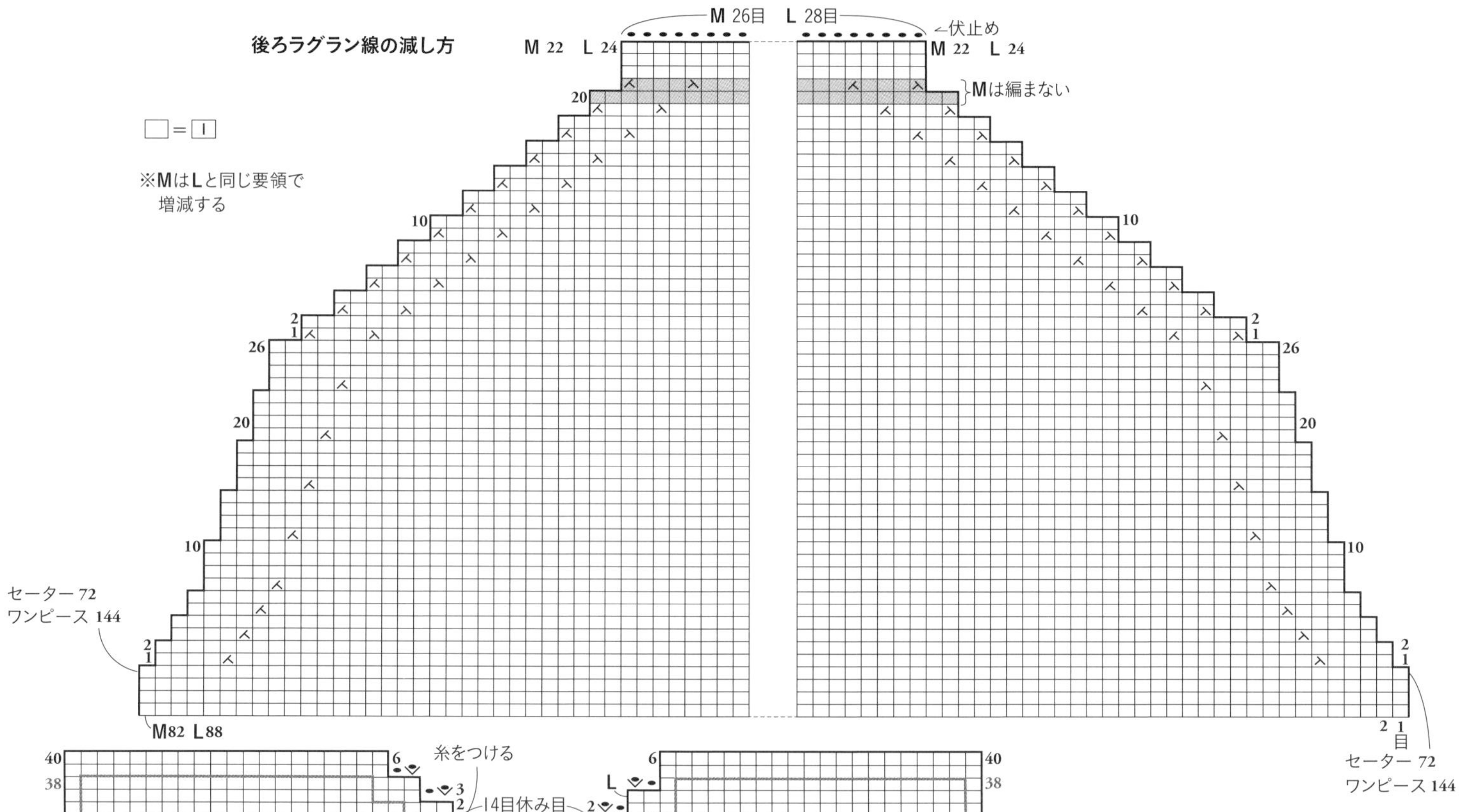

前ラグラン線と衿ぐりの減し方

すべり目をしてから
伏せ目

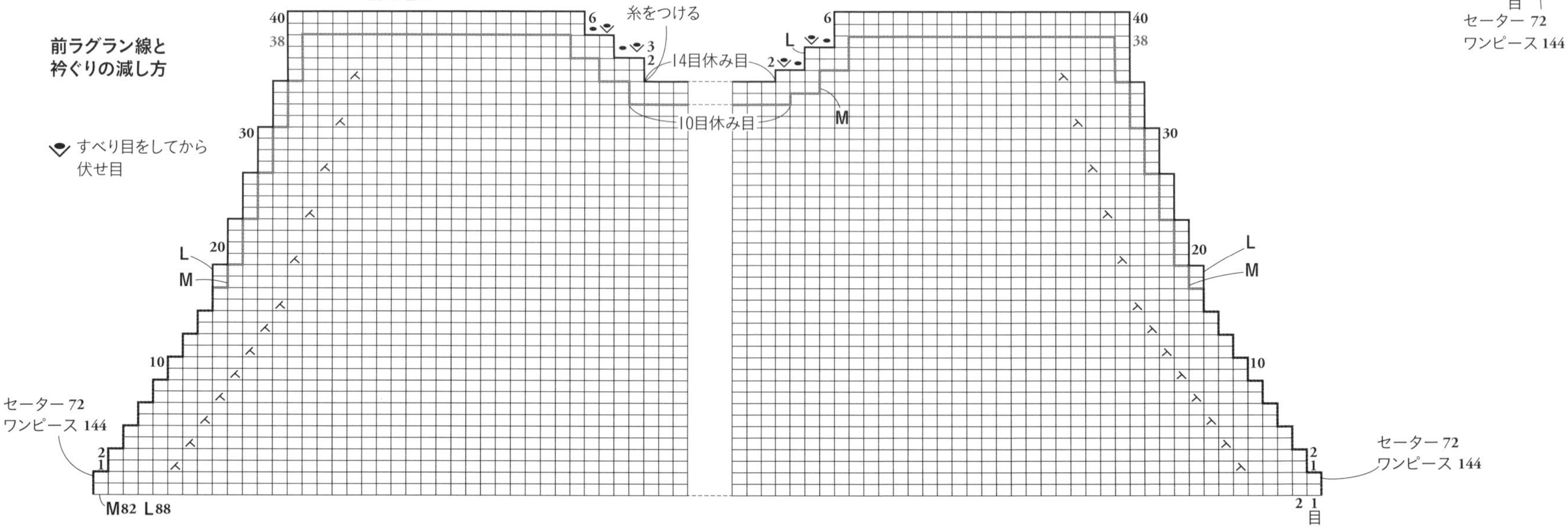

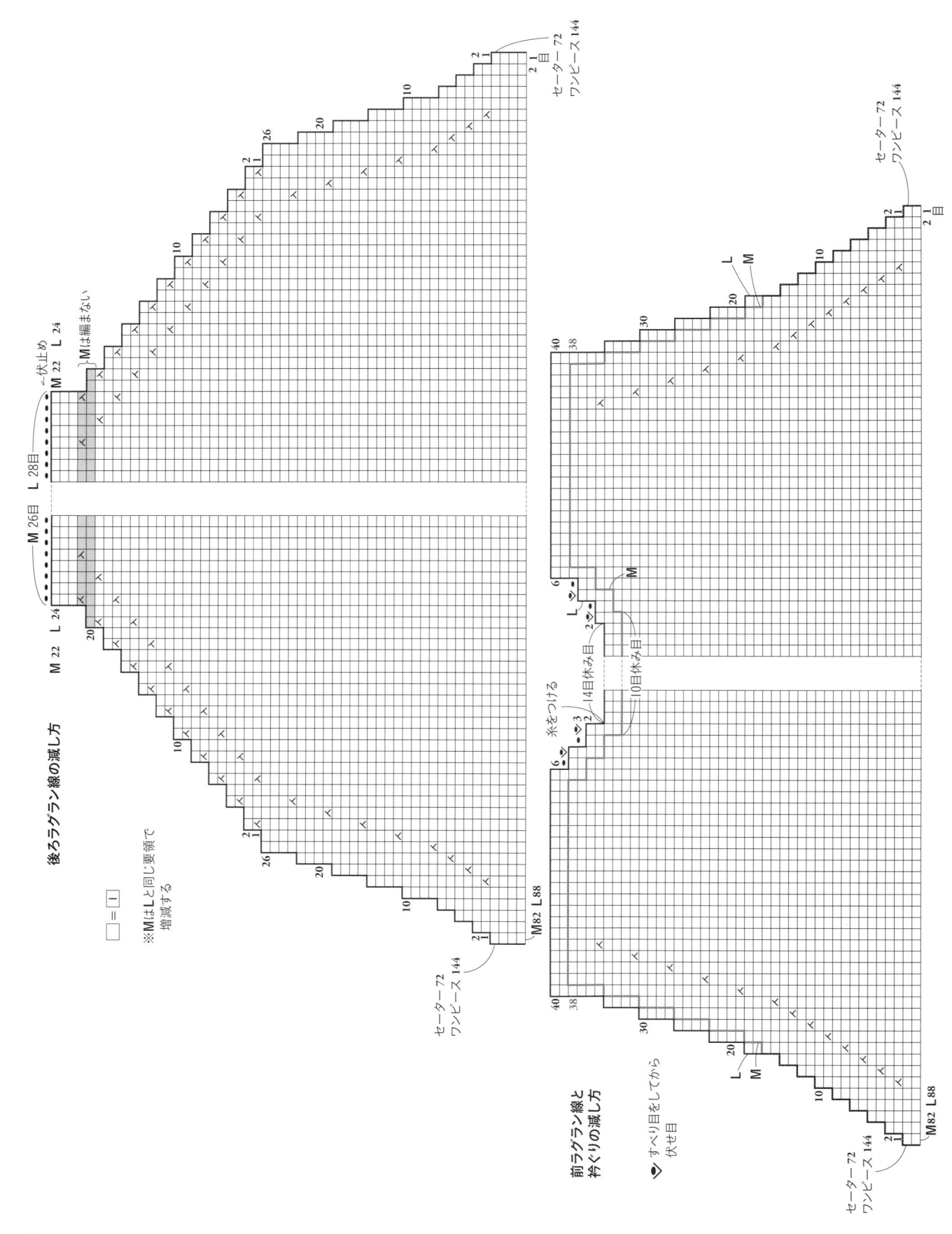

右袖の袖下の増し方とラグラン線の減し方

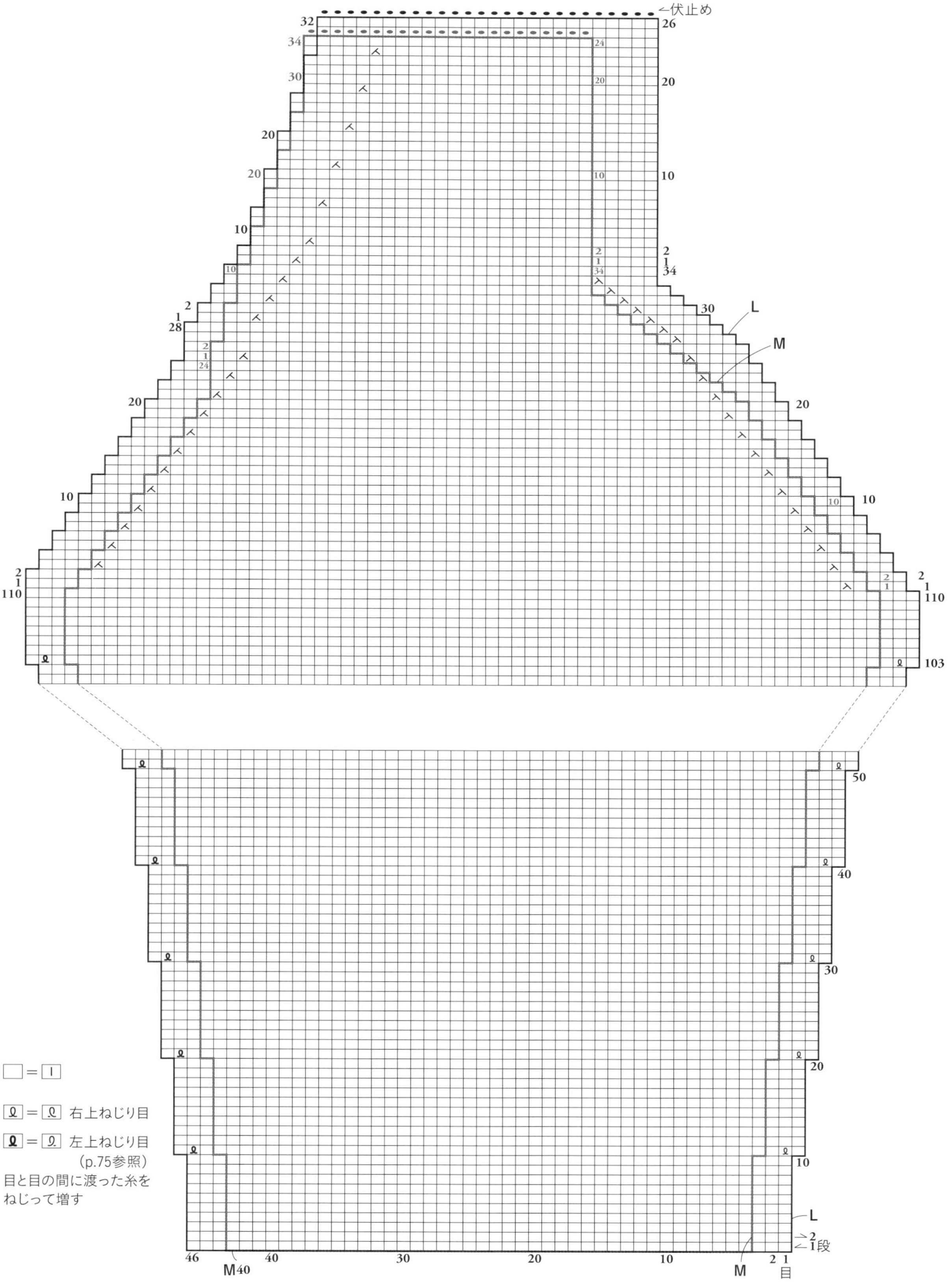

□ = 丨

ℓ = ℓ 右上ねじり目

ℓ = ℓ 左上ねじり目
(p.75参照)
目と目の間に渡った糸をねじって増す

左袖ラグラン線の減し方

※袖下の増し方は右袖と同じ

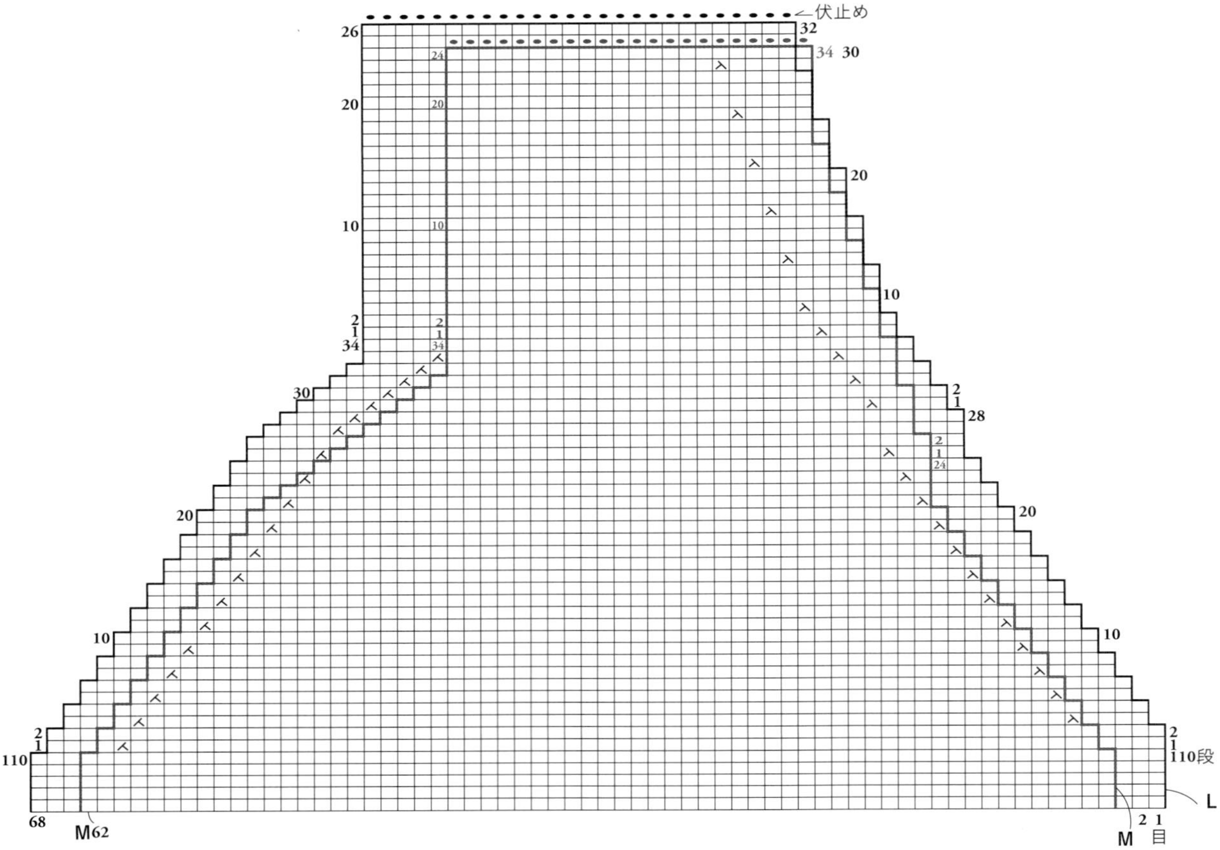

ワンピースの脇の減し方

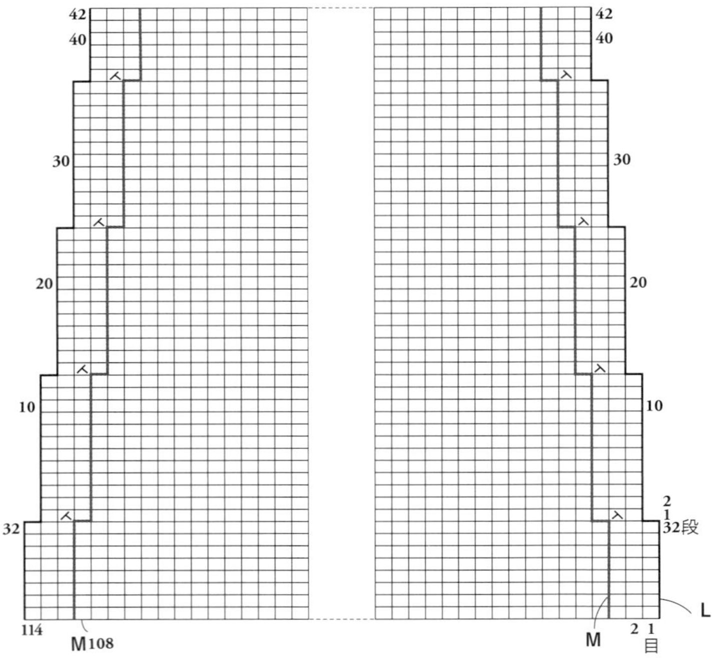

□＝|

編込みセーター　写真20-21ページ

◎糸　リッチモア パーセント（40g玉巻き）
オフホワイト（1）270g　グリーン（107）40g
ピンク（70）25g
ネイビー（47）、マスタード（6）各20g
リッチモア サスペンス（25g玉巻き）
イエローゴールド（23）10g

◎針　6号2本棒針　6号4本棒針

◎ゲージ　メリヤス編みの編込み模様　22目24段が10cm四方

◎サイズ　胸囲92cm　着丈59cm　背肩幅34.5cm　袖丈56cm

◎編み方　糸は1本どりで、指定の配色で編みます。
前後身頃、袖はそれぞれ指に糸をかけて目を作る方法で作り目をし、2目ゴム編みとメリヤス編みの編込み模様で図のように編みます。肩をかぶせ引抜きはぎにします。衿ぐりから拾い目をし、2目ゴム編みを輪に編み、2目ゴム編み止め（p.64参照）にします。脇、袖下をすくいとじにし、袖を引抜きとじでつけます。

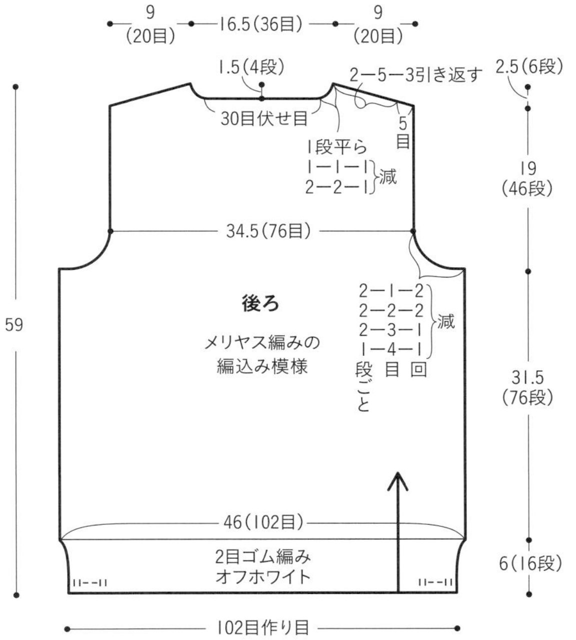

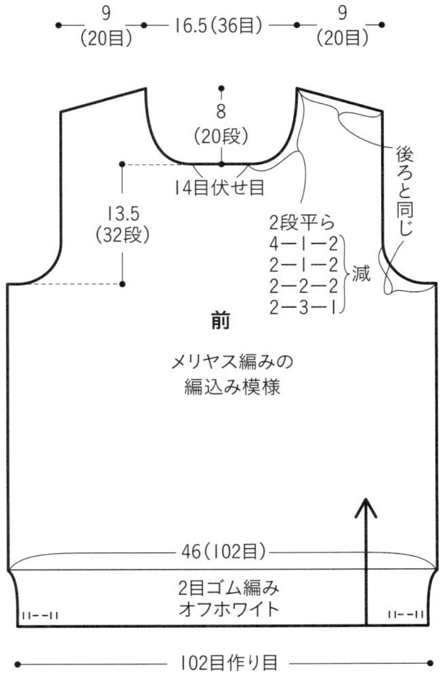

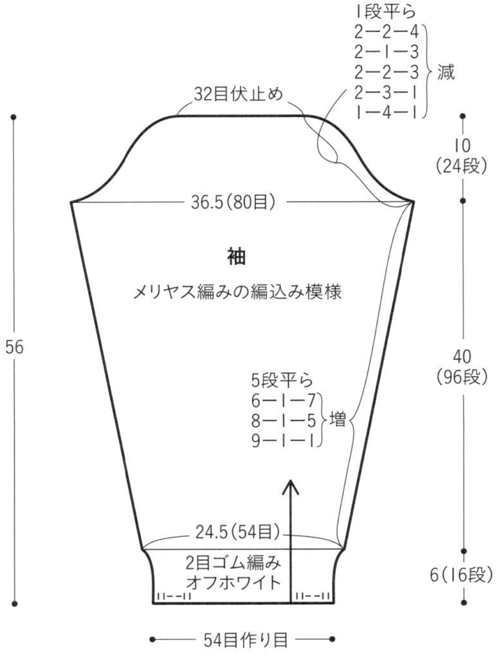

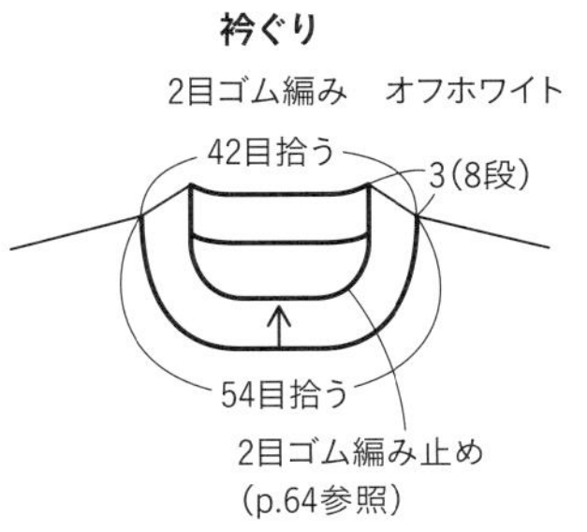

後ろの編み方

※衿ぐり以外は前も同じ

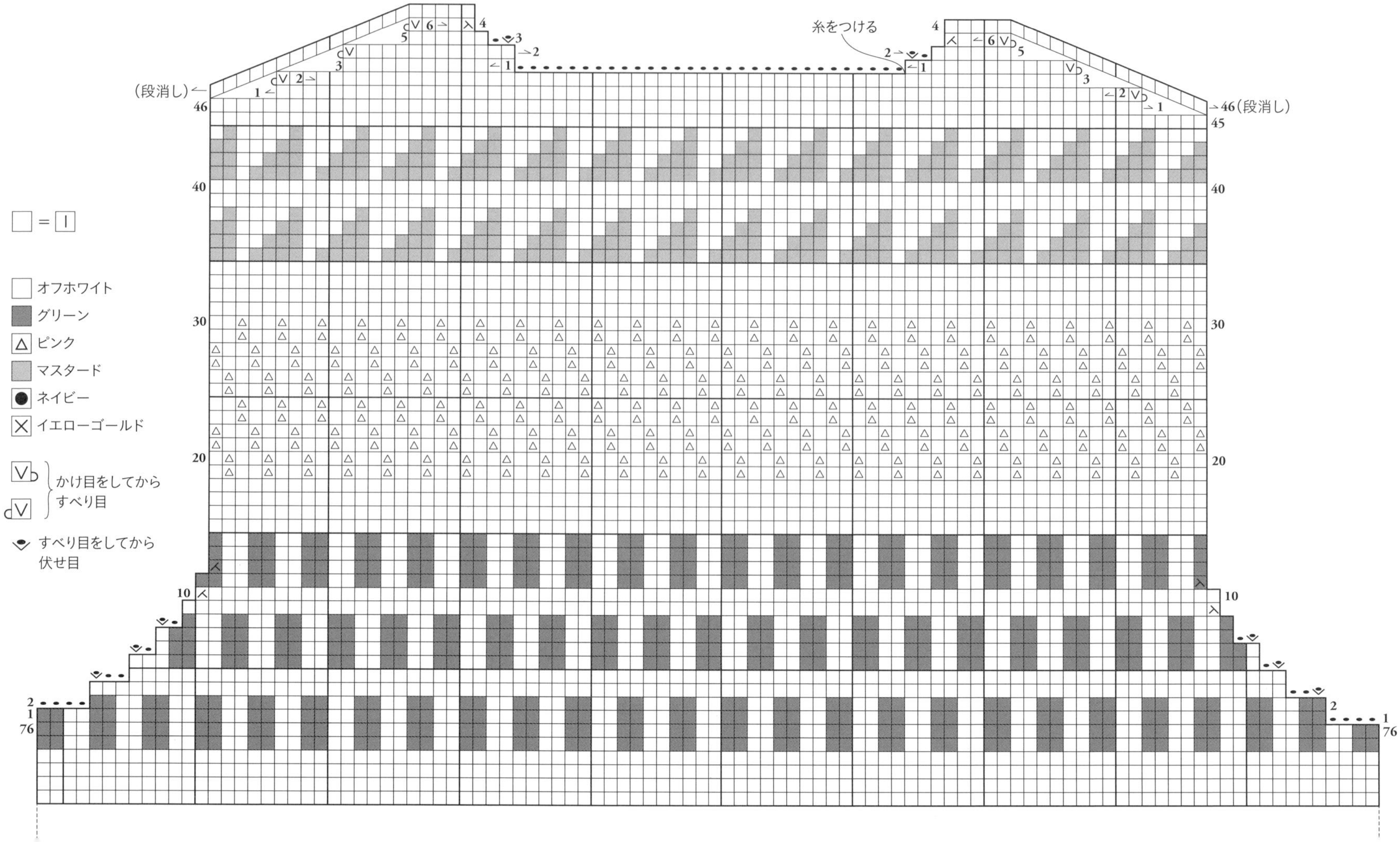

(段消し)
46
40
30
20
10
2
1
76
糸をつける
46(段消し)
45
□ = |
オフホワイト
グリーン
△ ピンク
マスタード
● ネイビー
× イエローゴールド
かけ目をしてから
すべり目
すべり目をしてから
伏せ目

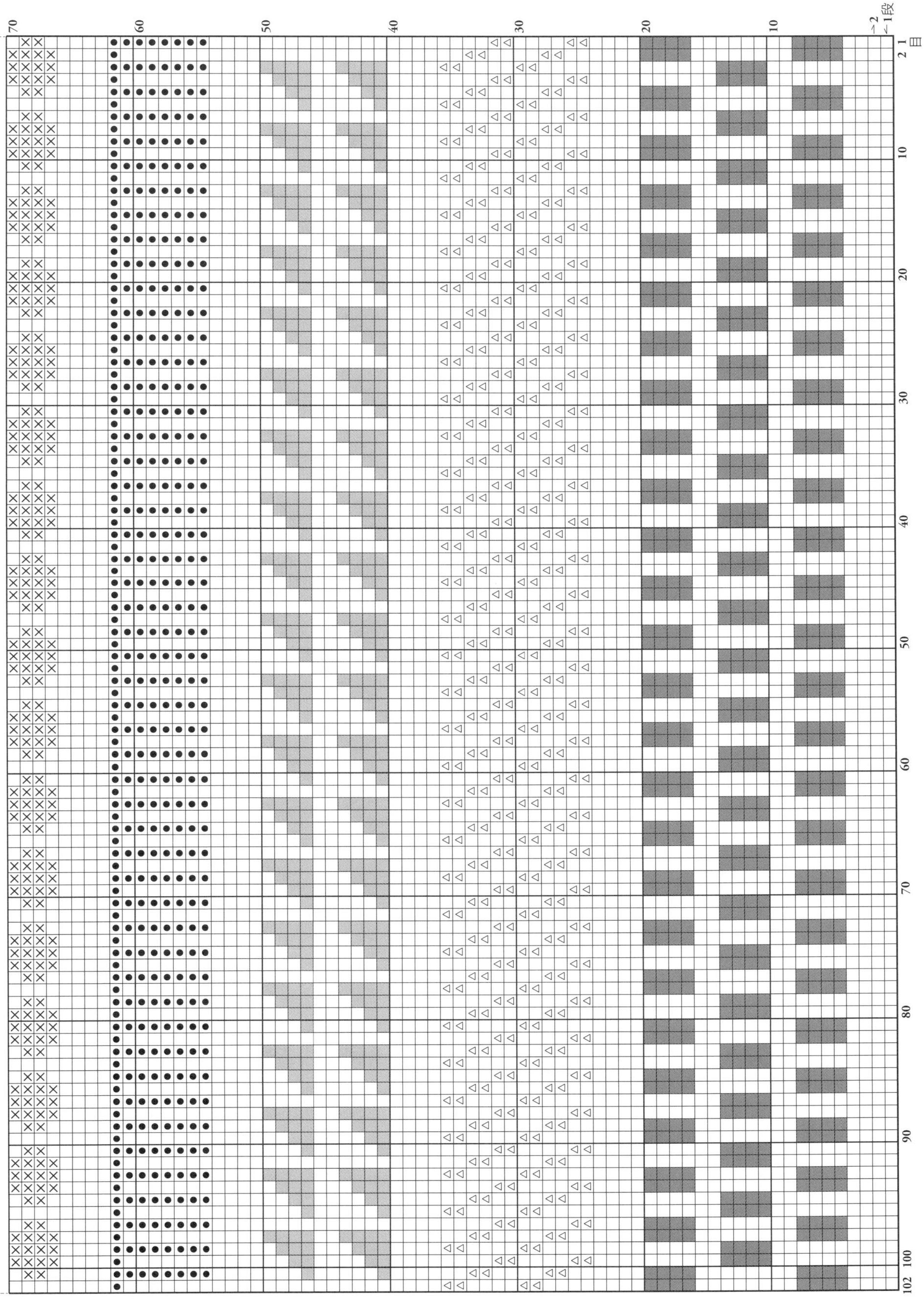
70
60
50
40
30
20
10
→2
←1段
1目
2
10
20
30
40
50
60
70
80
90
100
102

前衿ぐりの減し方

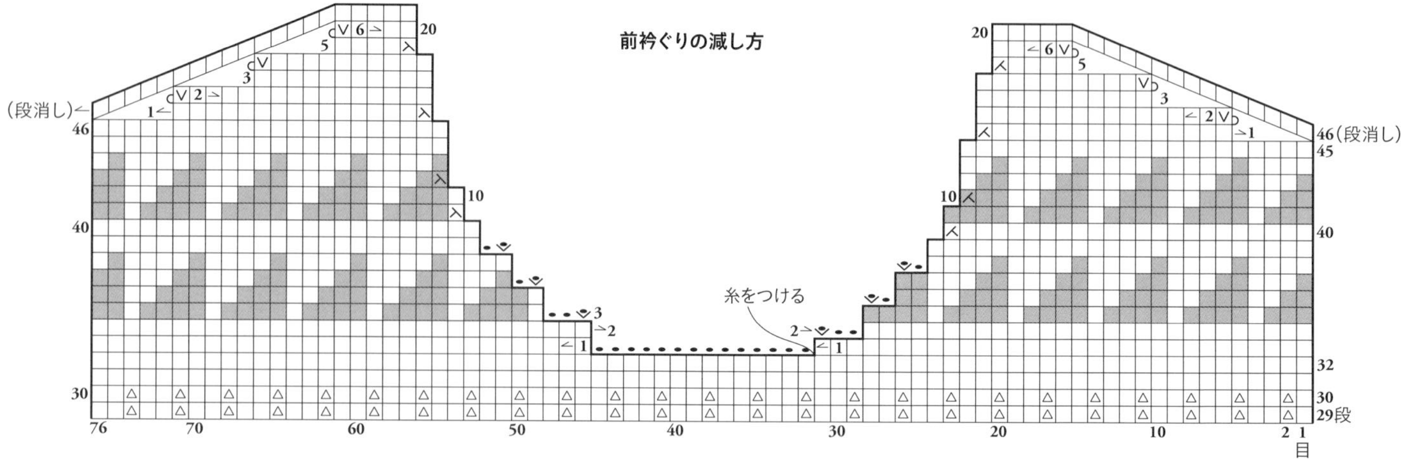

袖の編み方

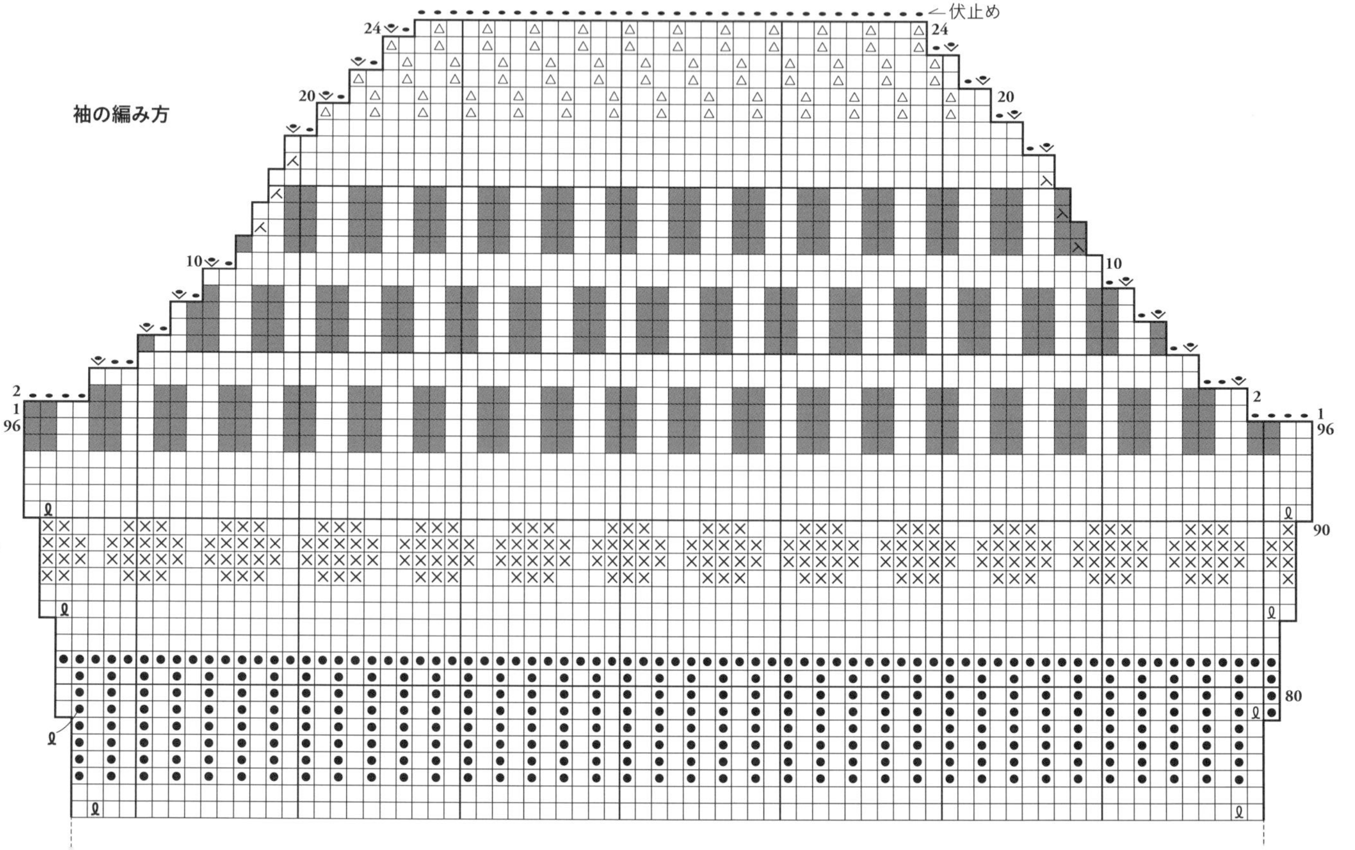

□ = ｜

- □ オフホワイト
- ■ グリーン
- △ ピンク
- ▒ マスタード
- ● ネイビー
- ✕ イエローゴールド
- V } かけ目をしてから すべり目
- すべり目をしてから 伏せ目

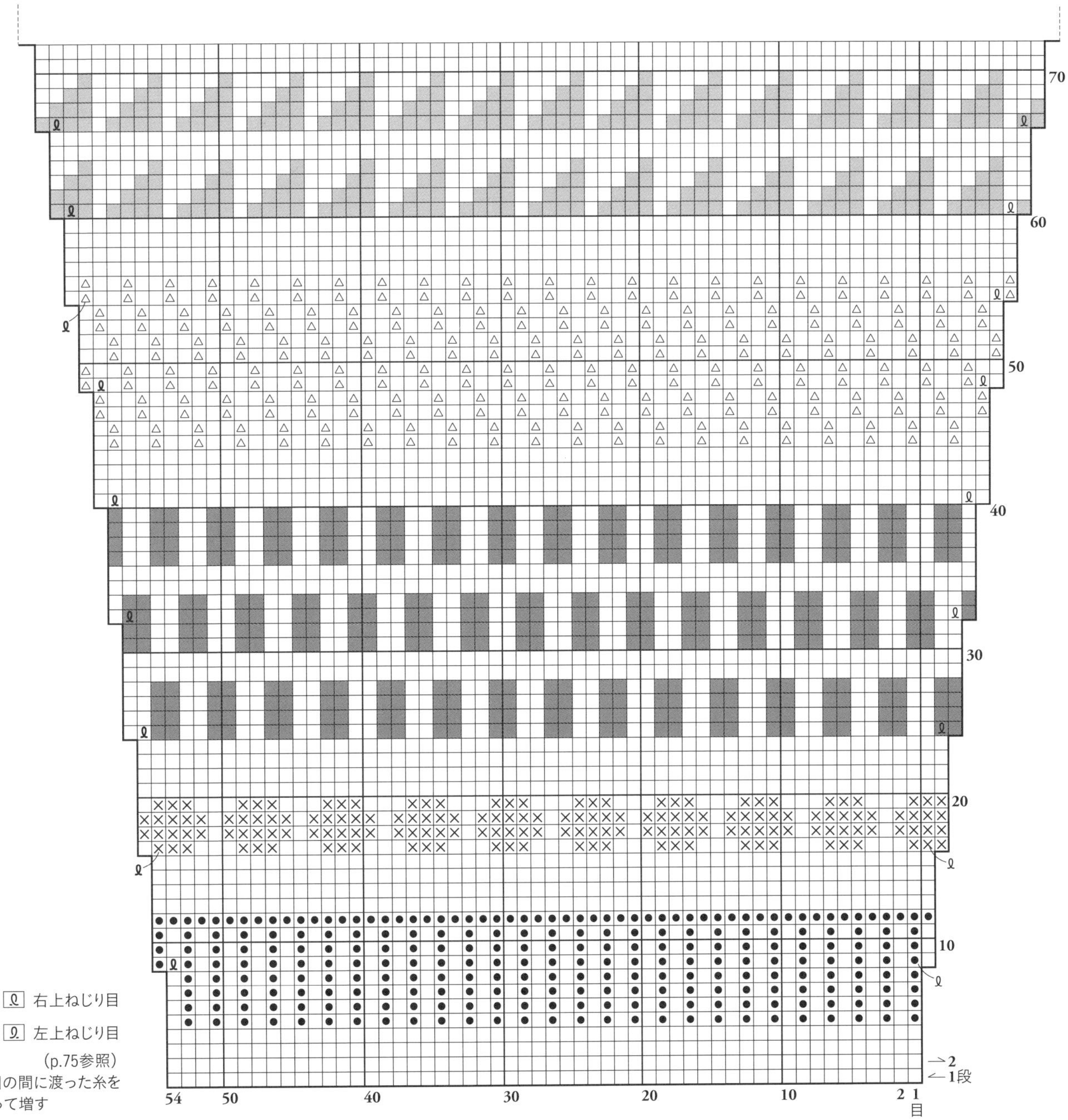

ℓ = ℓ 右上ねじり目

𝓵 = ℓ 左上ねじり目

(p.75参照)
目と目の間に渡った糸を
ねじって増す

丸ヨークのつぶつぶセーター 写真22-23ページ

◎**糸**　リッチモア スペクトルモデム（40g玉巻き）
M 赤（31）430g　**L** ベージュ（2）500g

◎**針**　8号4本棒針　8号輪針（80cm）
※輪針で往復に編む

◎**ゲージ**　メリヤス編み　19目25段が10cm四方

◎**サイズ**　**M** 胸囲96cm　着丈57cm　ゆき71cm
L 胸囲104cm　着丈59cm　ゆき73cm

◎**編み方**　糸は1本どりで編みます。
前後身頃、袖はそれぞれ指に糸をかけて目を作る方法で作り目をし、2目ゴム編みとメリヤス編みで図のように編みます。身頃と袖の合い印をメリヤスはぎ、目と段のはぎではぎ合わせます。身頃と袖の休み目から拾い目をし、ヨークをメリヤス編みと①模様編みで図のように減らしながら輪に編みます。続けて衿を②模様編みと2目ゴム編みで編み、伏止めにします。脇と袖下を続けてすくいとじにします。

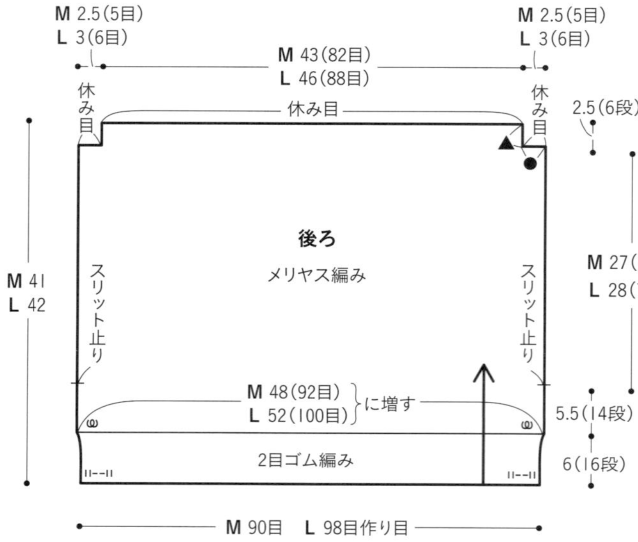

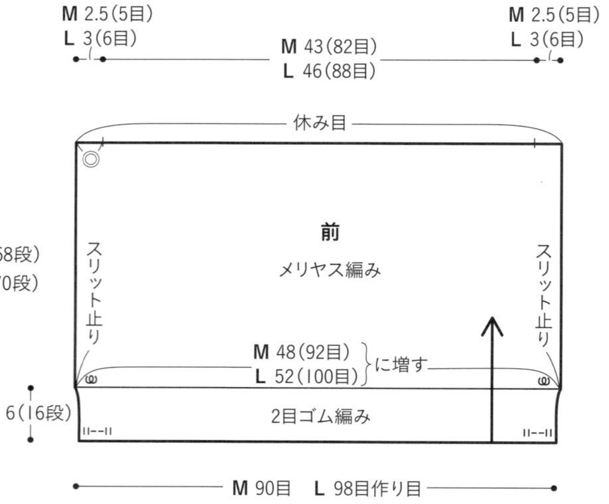

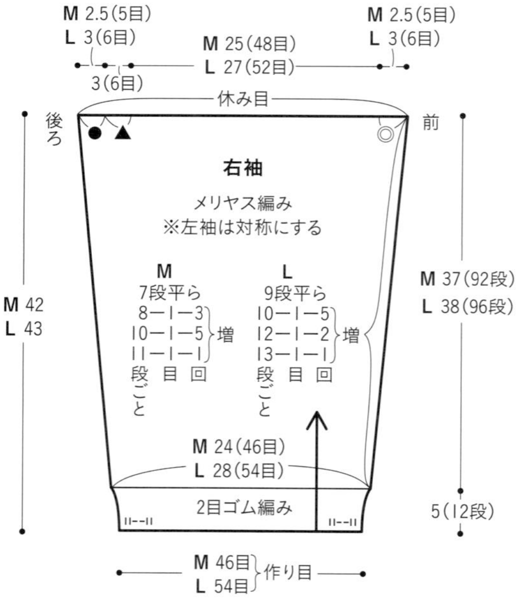

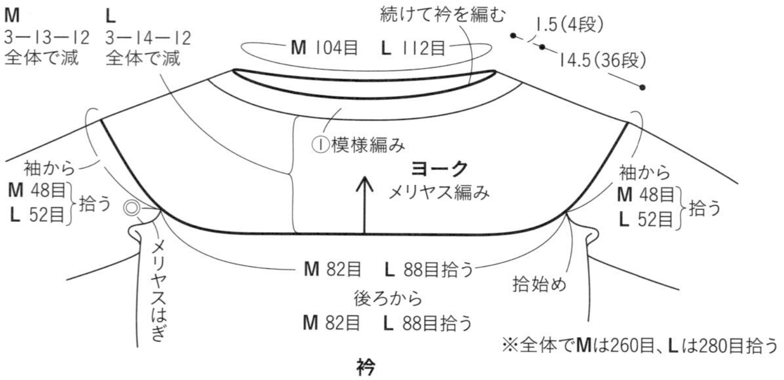

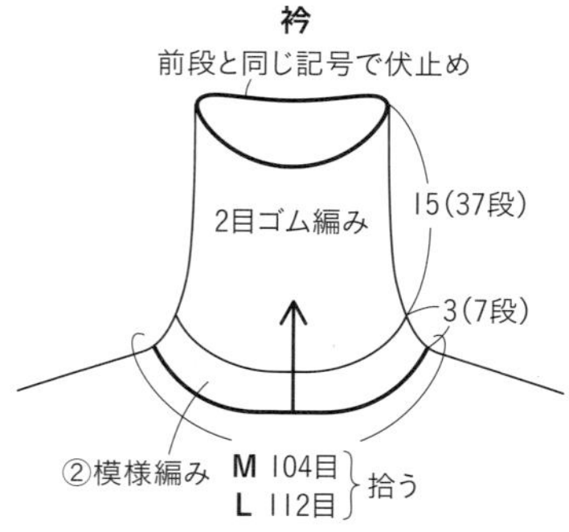

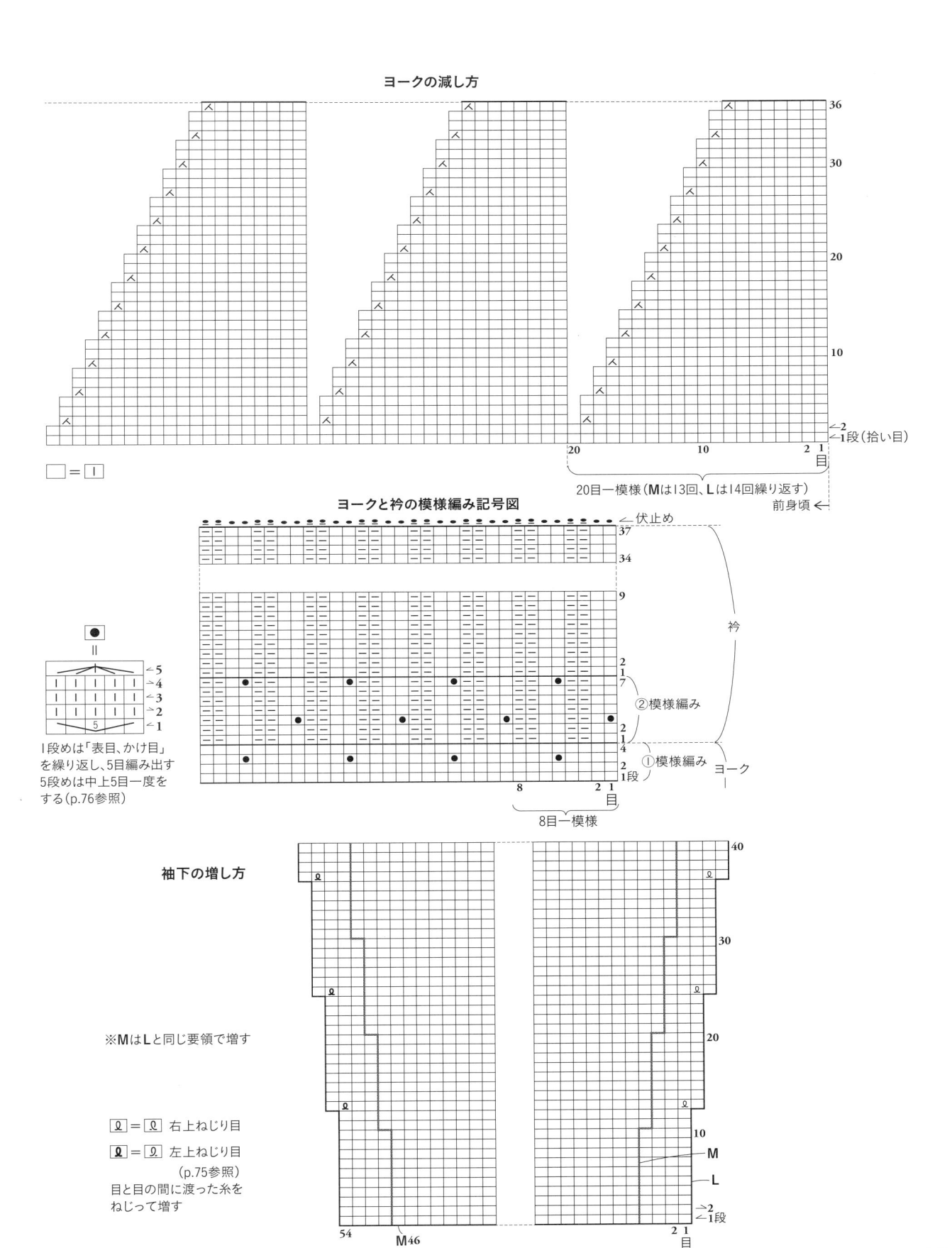

ヨークの減し方

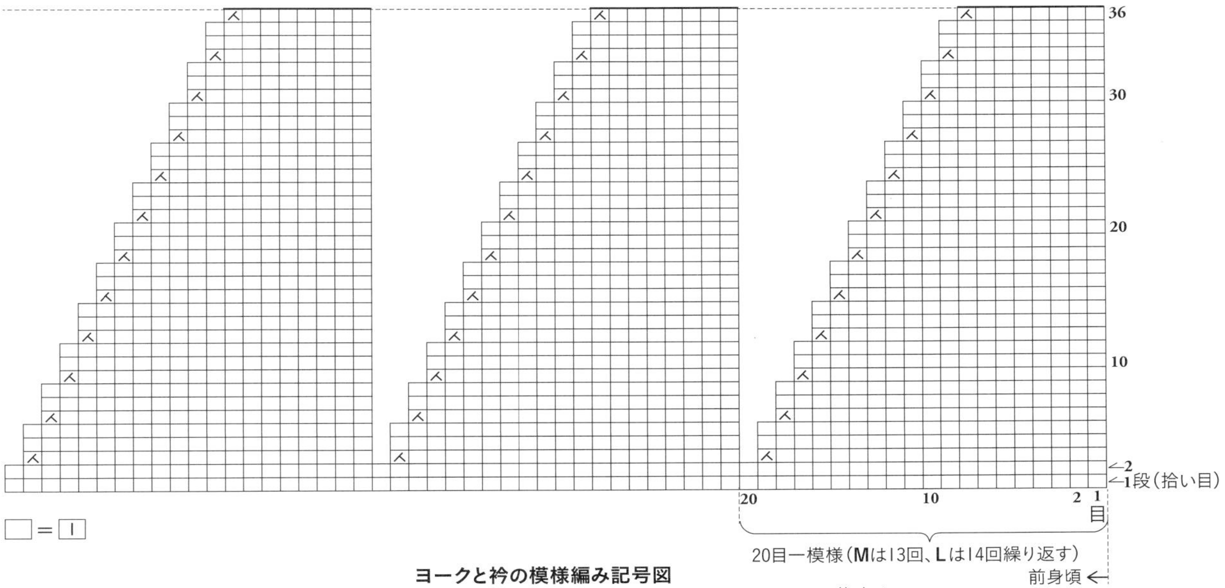

36
30
20
10
2
1段(拾い目)
20
10
2 1
目
□ = |
20目一模様(Mは13回、Lは14回繰り返す)
前身頃

ヨークと衿の模様編み記号図

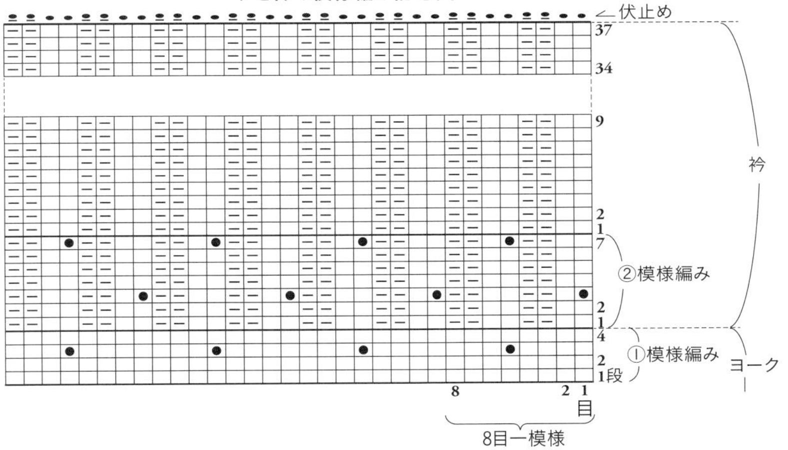

伏止め
37
34
9
2
1
7
2
1
4
2
1段
8
2 1
目
8目一模様
衿
②模様編み
①模様編み
ヨーク

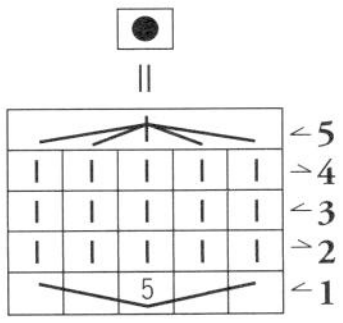

5
4
3
2
1
5

1段めは「表目、かけ目」を繰り返し、5目編み出す
5段めは中上5目一度をする(p.76参照)

袖下の増し方

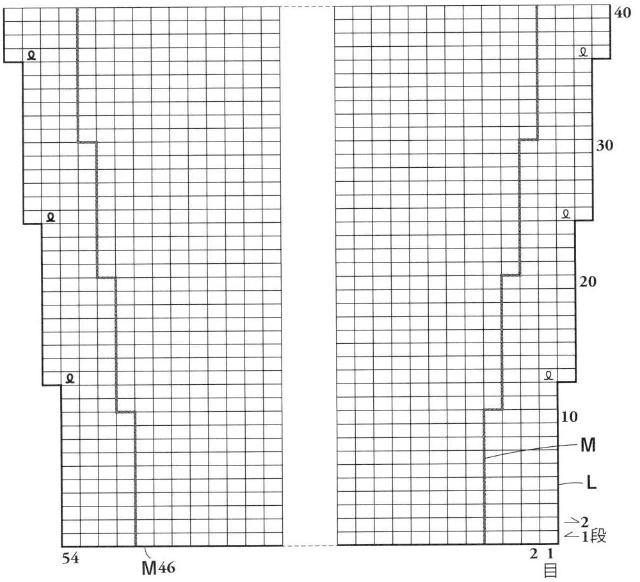

40
30
20
10
M
L
2
1段
54
M46
2 1
目

※MはLと同じ要領で増す

ℓ = ℓ 右上ねじり目

ℓ = ℓ 左上ねじり目

(p.75参照)

目と目の間に渡った糸をねじって増す

スカート　写真26ページ

◎**糸**　ハマナカ アメリー（40g玉巻き）
キャメル（8）250g
◎**針**　6号輪針（80cm）
◎**その他**　幅2.5cmのゴムテープ75cm
◎**ゲージ**　模様編み　20目28段が10cm四方
◎**サイズ**　ウエスト72cm　ヒップ100cm　丈60.5cm

◎**編み方**　糸は1本どりで編みます。
前後スカートは指に糸をかけて目を作る方法で作り目をして輪にし、ガーター編みと模様編みで図のように編みます。続けてウエストベルトを裏メリヤス編みで編み、休み目にします。裏側に折って輪に縫ったゴムテープをはさみながらかがります。

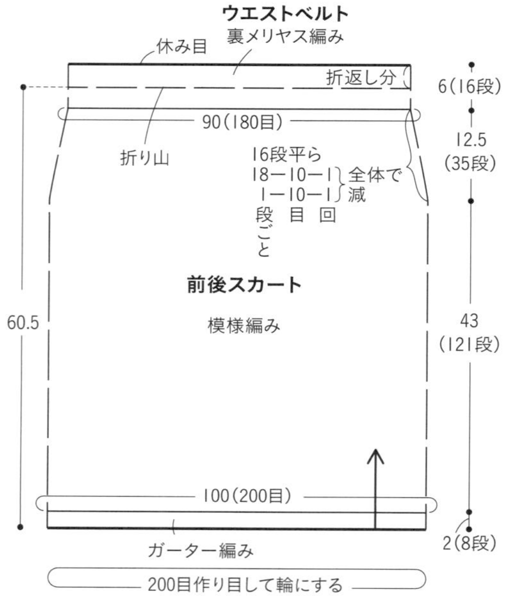

ウエストベルト
裏メリヤス編み
休み目
折返し分
6(16段)
90(180目)
折り山
12.5
(35段)
16段平ら
18−10−1
1−10−1
全体で減
段 目 回ごと
前後スカート
模様編み
60.5
43
(121段)
100(200目)
ガーター編み
2(8段)
200目作り目して輪にする

模様編み記号図

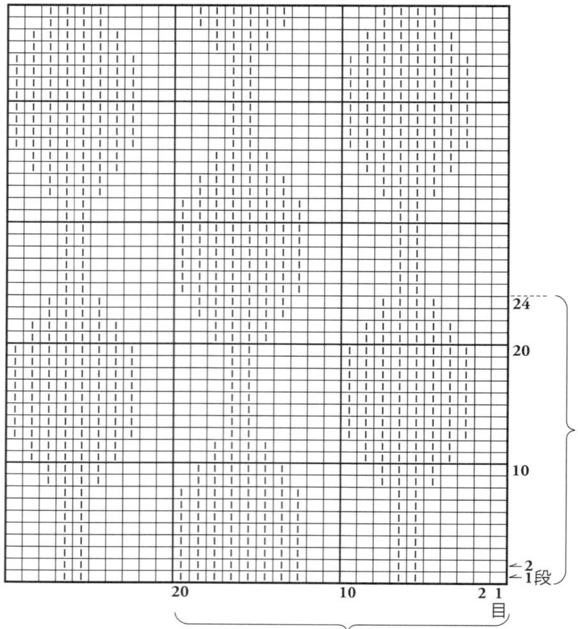

24
20
10
2
1段
24段一模様
20
10
2 1
目
20目一模様

ウエストの始末

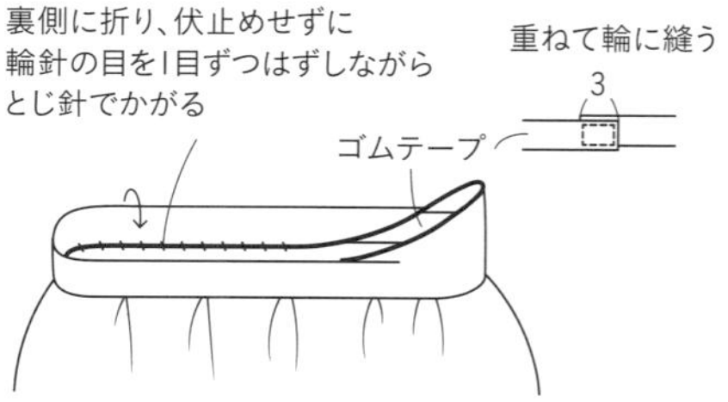

裏側に折り、伏止めせずに
輪針の目を1目ずつはずしながら
とじ針でかがる
ゴムテープ
重ねて輪に縫う
3

減し方

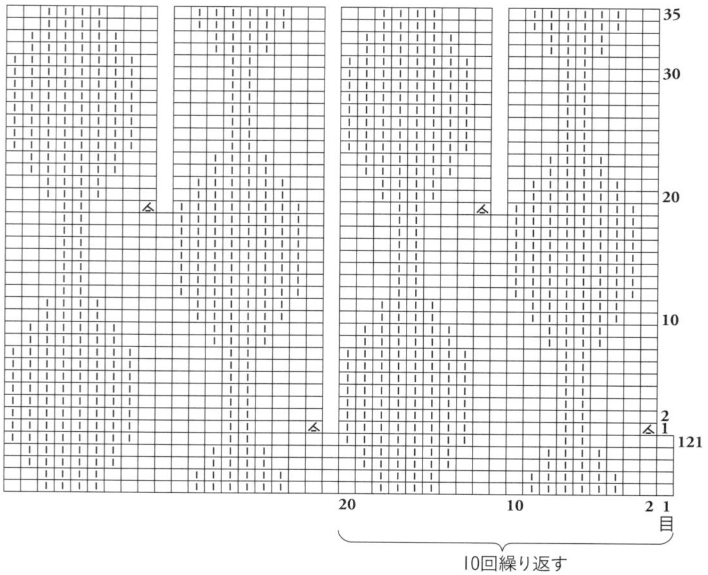

35
30
20
10
2
1
121
20
10
2 1
目
10回繰り返す

ガーター編み記号図

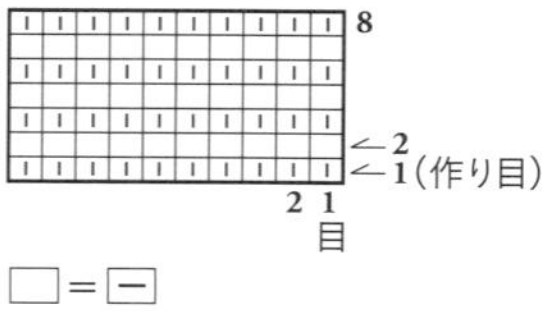

8
2
1(作り目)
2 1
目
□＝−

アラン風ワイドセーター 写真24-25ページ

◎糸　ハマナカ ソノモノアルパカウール《並太》（40g玉巻き）
オフホワイト（61）530g

◎針　8号2本棒針　8号4本棒針

◎ゲージ　①、②模様編み　22目24段が10cm四方

◎サイズ　胸囲107cm　着丈58cm　ゆき70.5cm

◎**編み方**　糸は1本どりで編みます。

前後身頃はそれぞれ指に糸をかけて目を作る方法で作り目をし、2目ゴム編みと①模様編みで図のように編みます。袖は同様に作り目をし、2目ゴム編みと②模様編みで図のように編みます。肩を引抜きはぎにします。衿ぐりから拾い目をし、2目ゴム編みを輪に編み、2目ゴム編み止め（p.64参照）にします。袖を引抜きはぎでつけ、脇と袖下を続けてすくいとじにします。

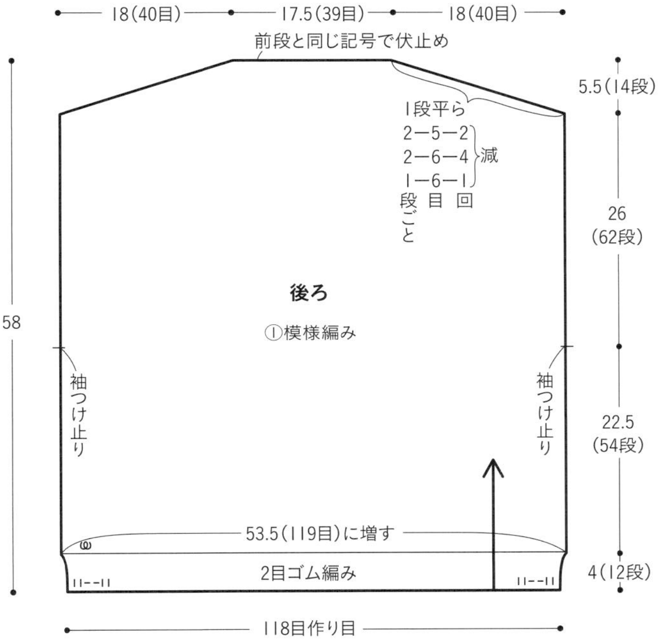

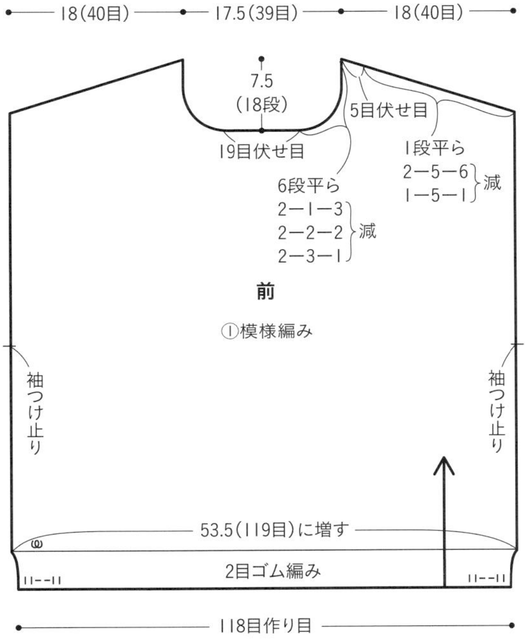

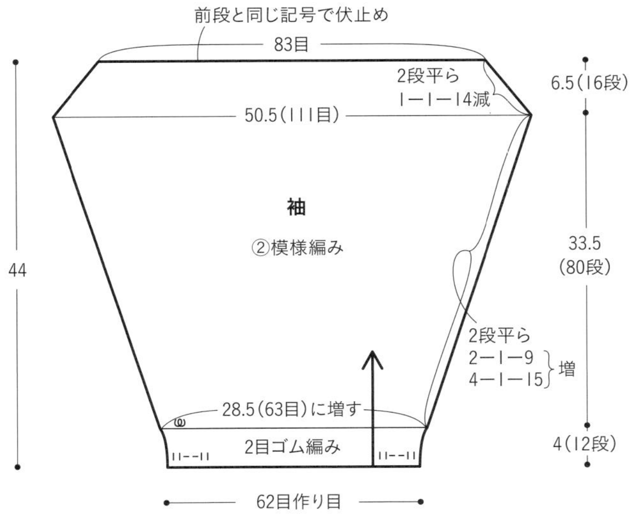

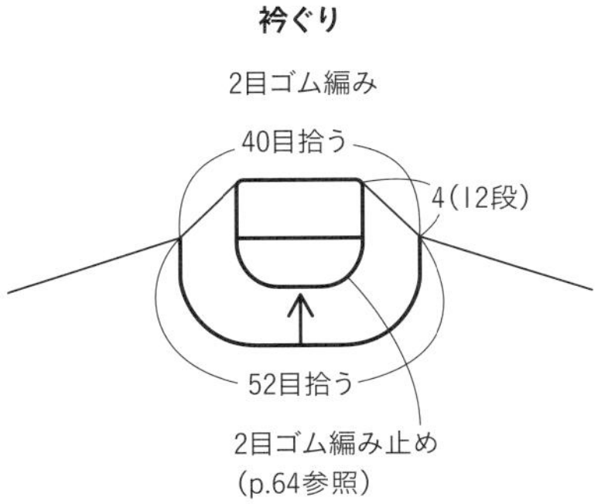

①模様編み記号図

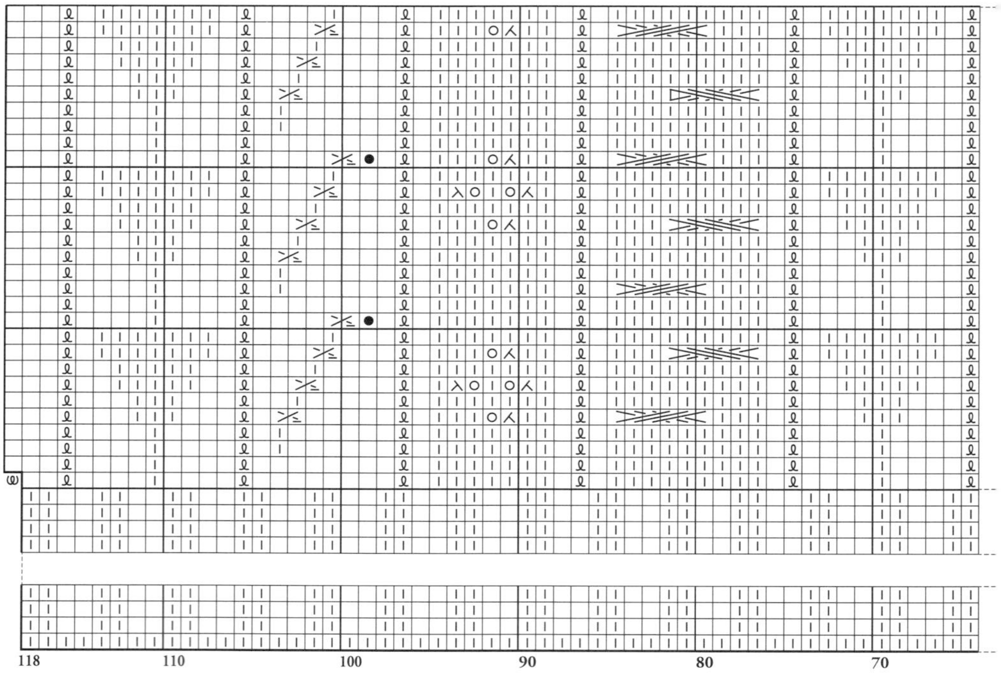

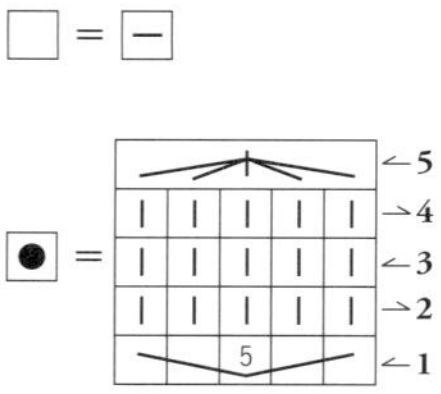

1段めは「表目、かけ目」を繰り返し、5目編み出す
5段めは中上5目一度をする
(p.76参照)

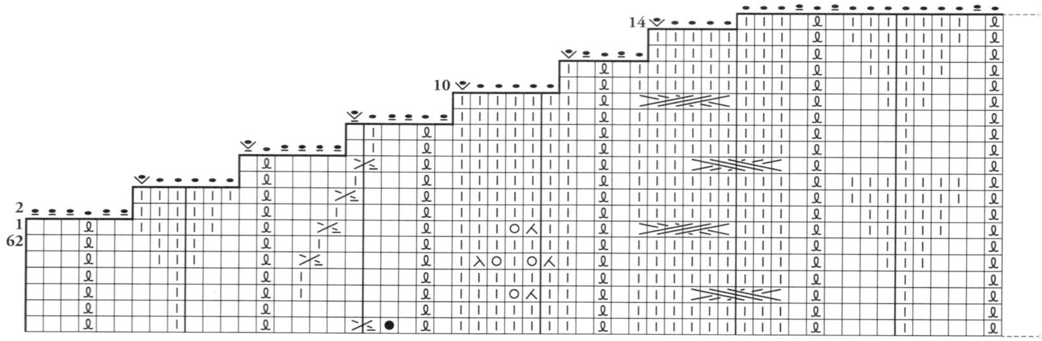

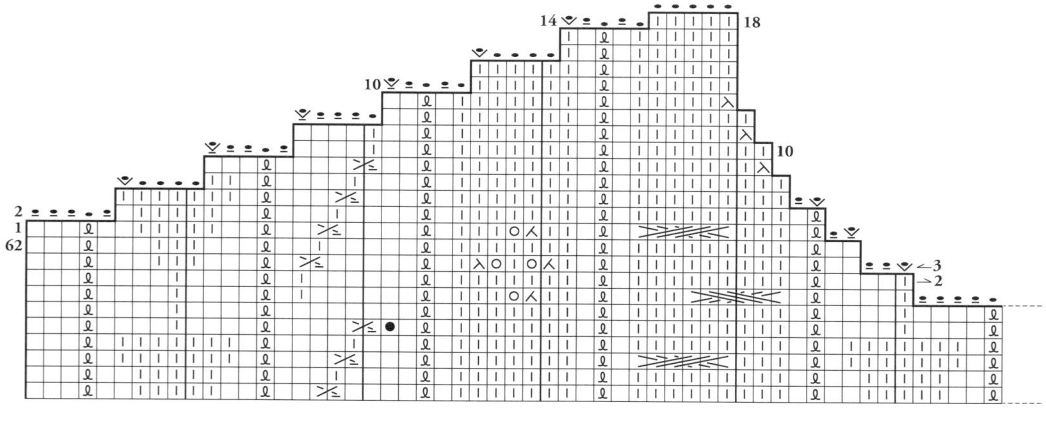

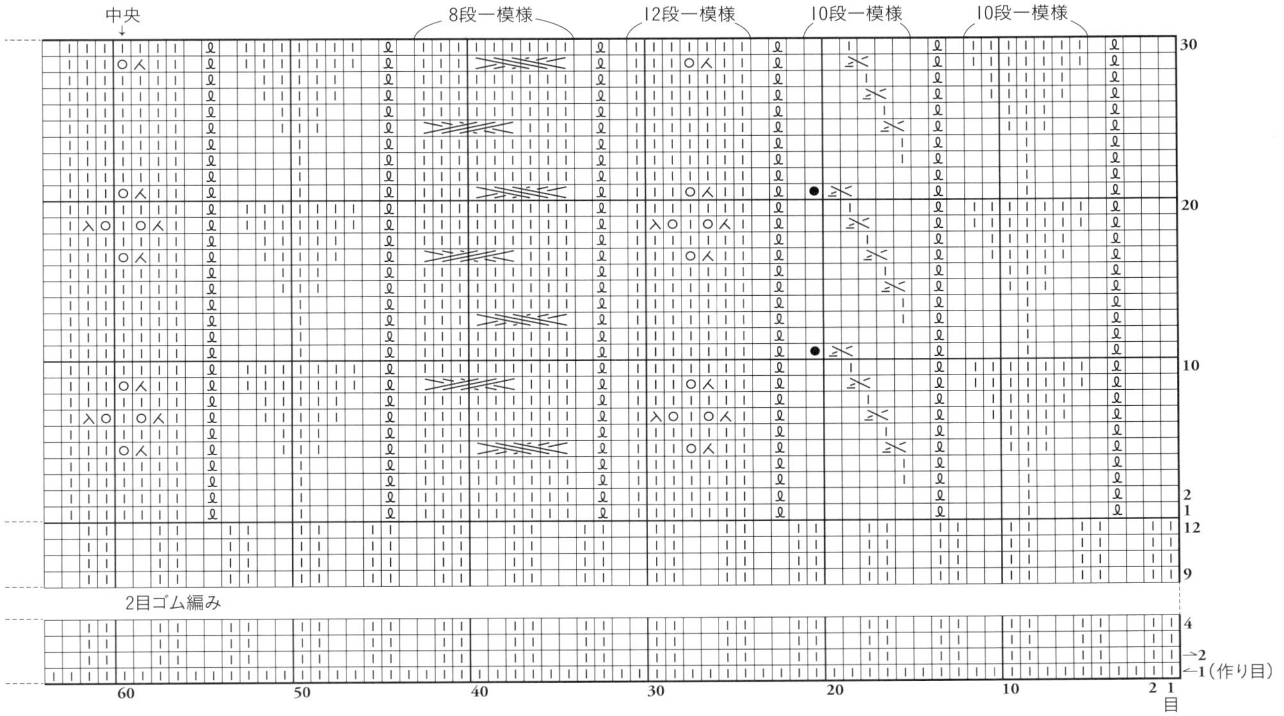

後ろの肩の減し方

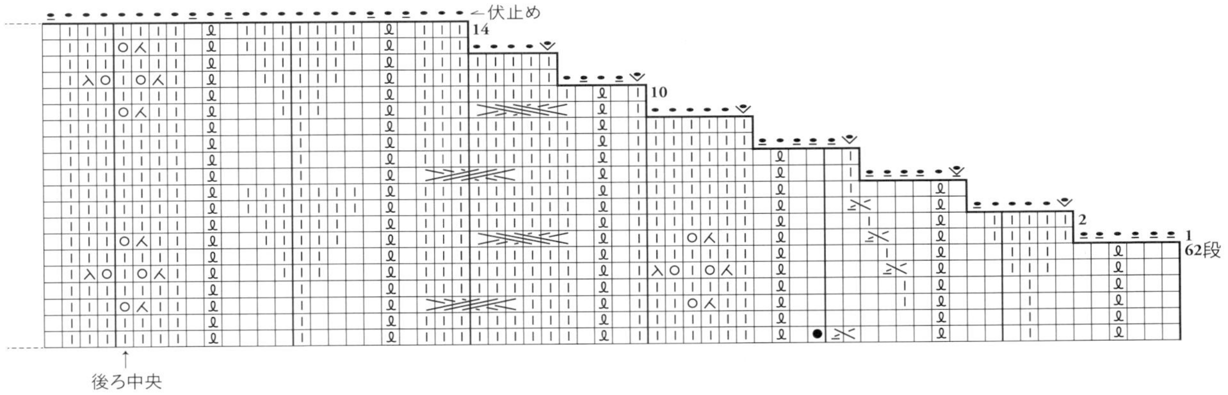

すべり目をしてから伏せ目

前衿ぐりと肩の減し方

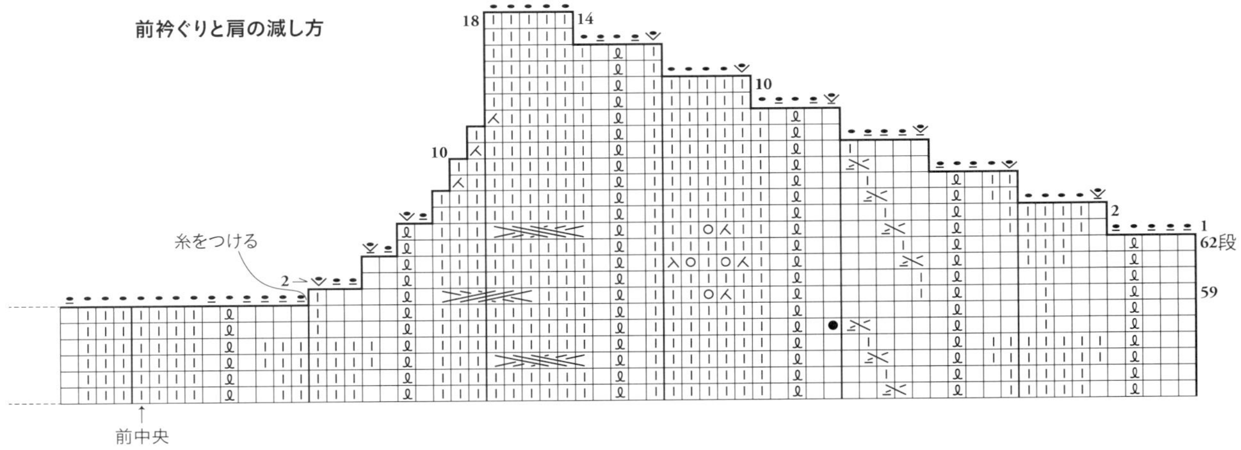

袖の編み方

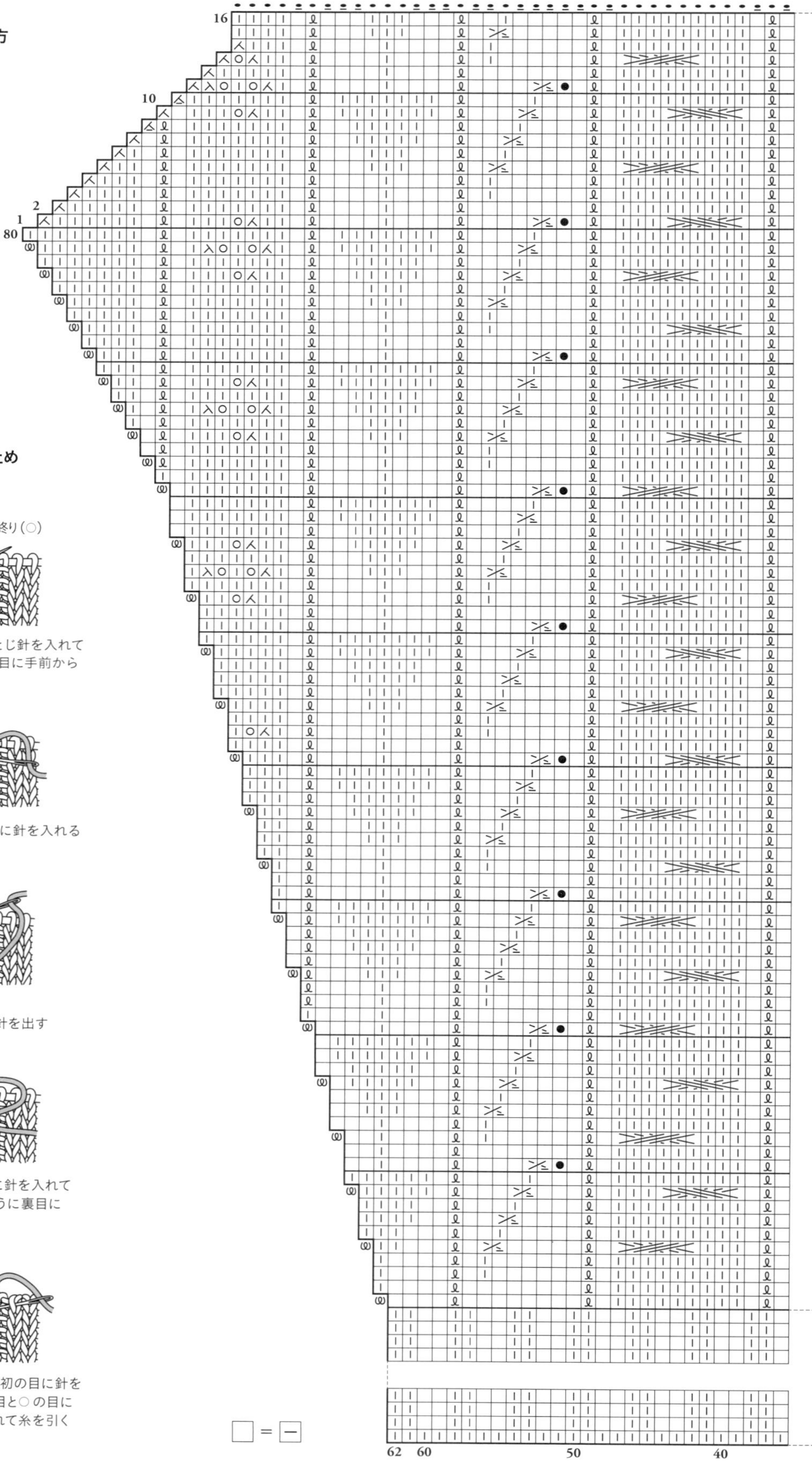

◎2目ゴム編み止め

（輪の場合）

1

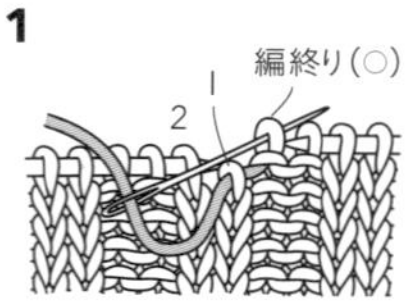

1の目に向う側からとじ針を入れて糸を引き、編終りの目に手前から針を入れる

2

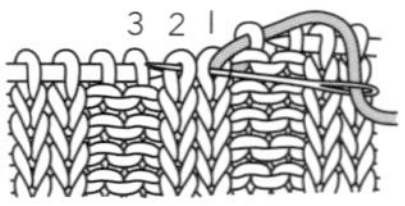

1・2の目に図のように針を入れる

3

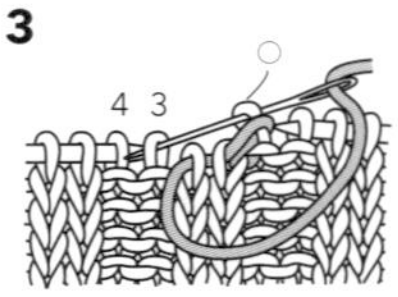

○の目に針を入れ、
1・2をとばして3に針を出す

4

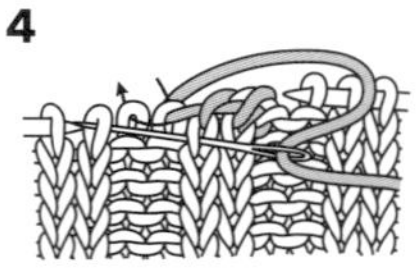

裏目をとばして表目に針を入れて糸を引き、矢印のように裏目に針を入れる

5

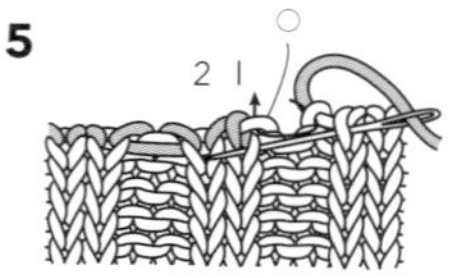

2～**4**を繰り返す。最初の目に針を入れて糸を引き、裏目と○の目に矢印のように針を入れて糸を引く

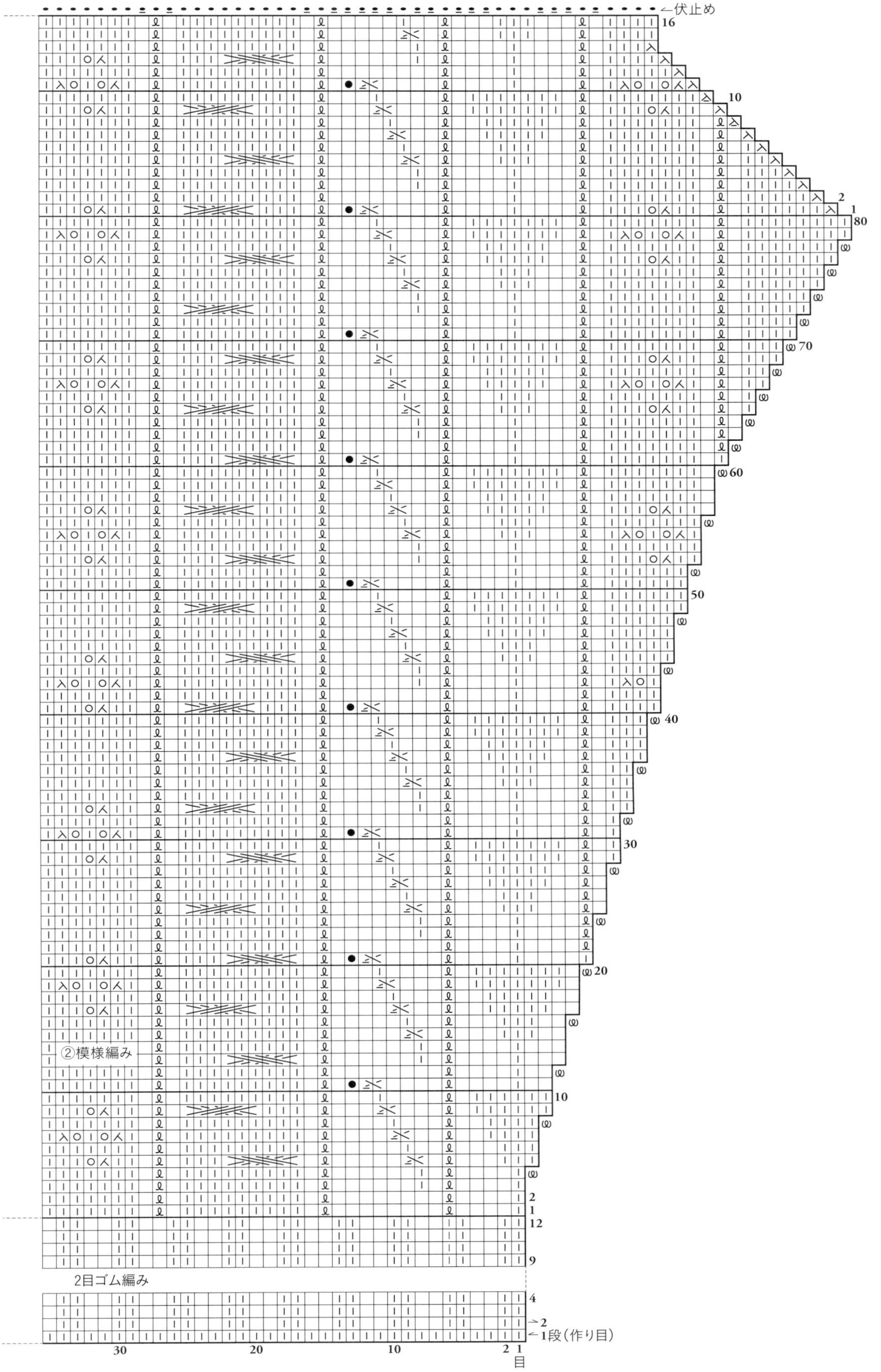
←伏止め
②模様編み
2目ゴム編み
←1段（作り目）
目

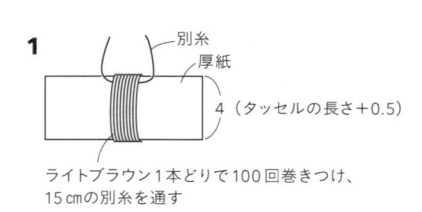

パッチワーク風ストール　写真28-29ページ

◎糸　ハマナカ アメリー（40g玉巻き）
ナチュラルホワイト（20）140g
ピーチピンク（28）60g　ライラック（42）50g
ハマナカ フラン（30g玉巻き）　グレー（202）40g
ハマナカ ティノ（25g玉巻き）
ライトブラウン（13）15g

◎針　6号2本棒針

◎その他　厚紙10×4cm

◎ゲージ　かのこ編み　18目32段が10cm四方
メリヤス編み　18目24段が10cm四方
①模様編み　18目28段が10cm四方
②、④模様編み　20目26段が10cm四方
③模様編み　20目19段が10cm四方

◎サイズ　幅51cm　長さ140cm

◎編み方　糸は指定以外1本どりで編みます。
a列、b列はそれぞれ指に糸をかけて目を作る方法で作り目をし、指定の配色と編み方で編み、伏止めにします。a列とb列を目立たない色ですくいとじにします。タッセルを作って四隅につけます。

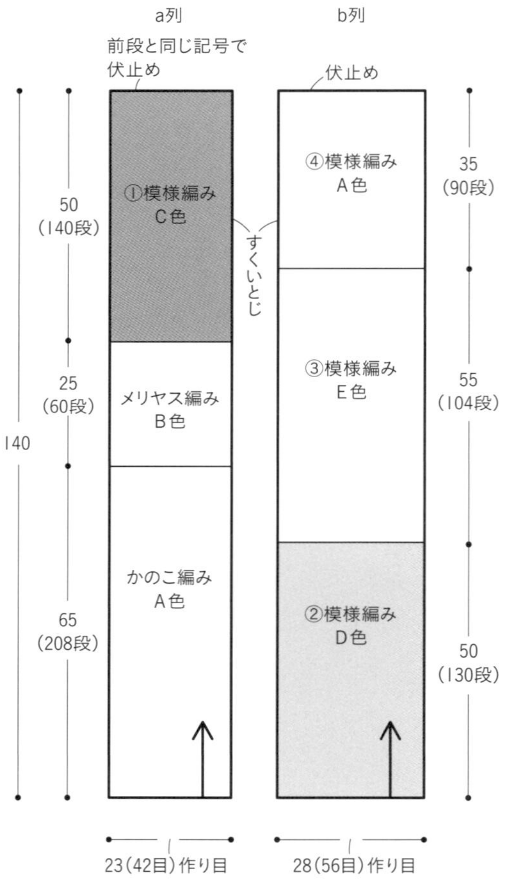
a列
b列
前段と同じ記号で伏止め
伏止め
①模様編み C色
メリヤス編み B色
かのこ編み A色
④模様編み A色
③模様編み E色
②模様編み D色
すくいとじ
140
50 (140段)
25 (60段)
65 (208段)
35 (90段)
55 (104段)
50 (130段)
23(42目)作り目
28(56目)作り目

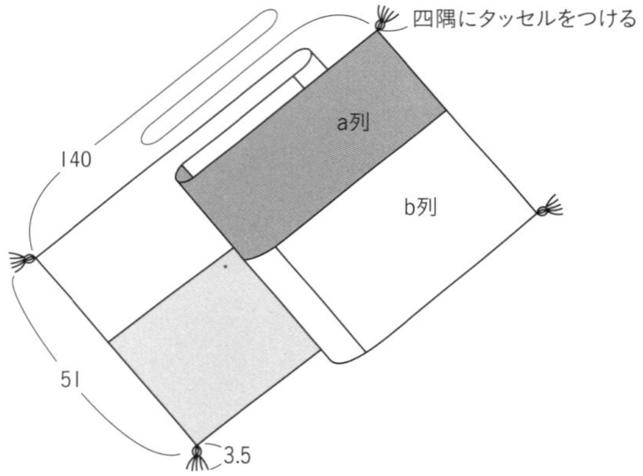
四隅にタッセルをつける
a列
b列
140
51
3.5

A色＝ナチュラルホワイト

B色＝ナチュラルホワイト＋ライトブラウン
（各1本の2本どり）

C色＝ライラック

D色＝ピーチピンク

E色＝グレー

タッセルの作り方

1

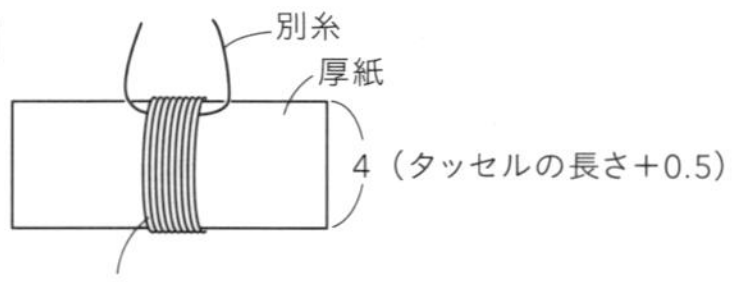
別糸
厚紙
4（タッセルの長さ＋0.5）

ライトブラウン1本どりで100回巻きつけ、
15cmの別糸を通す

2

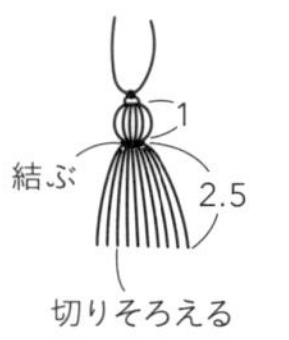
1
結ぶ
2.5
切りそろえる

中央を結び、結んでいない側を切る。
厚紙をはずし、結んだところから
1cm下を結んで切りそろえる

①模様編み記号図

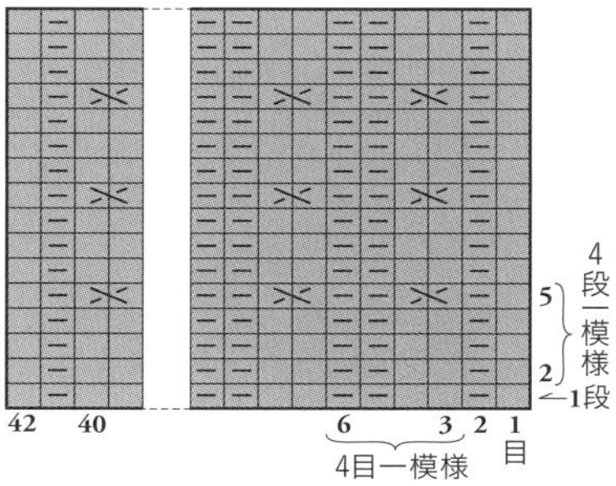
4段一模様
5
2
1段
42
40
6
3
2
1
目
4目一模様

②模様編み記号図

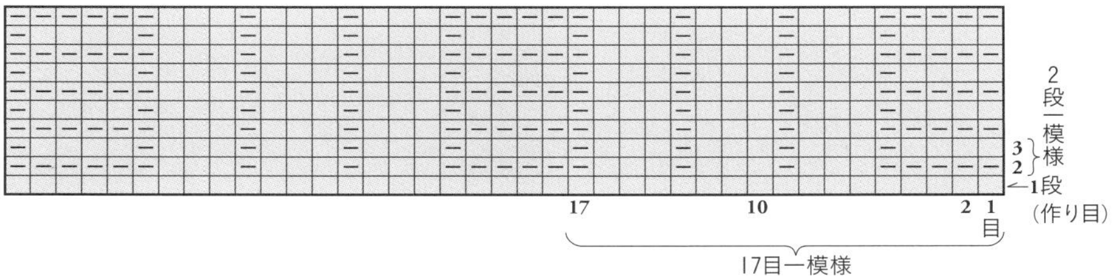
2段一模様
3
2
1段
(作り目)
17
10
2
1
目
17目一模様

③模様編み記号図

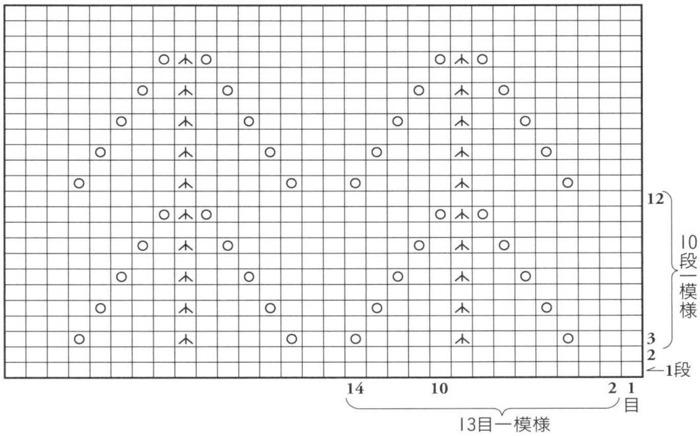
12
10段一模様
3
2
1段
14
10
2
1
目
13目一模様

かのこ編み記号図

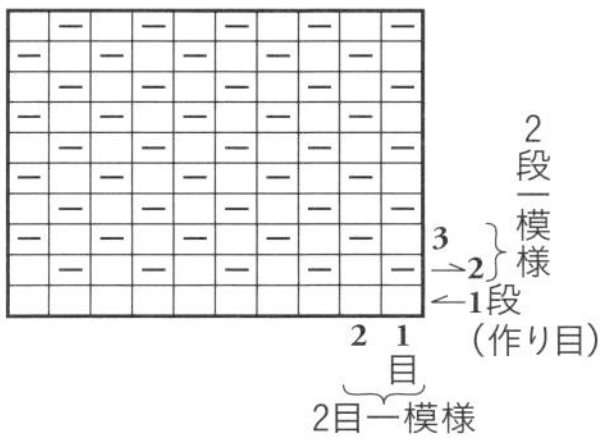
2段一模様
3
2
1段
(作り目)
2
1
目
2目一模様

④模様編み記号図

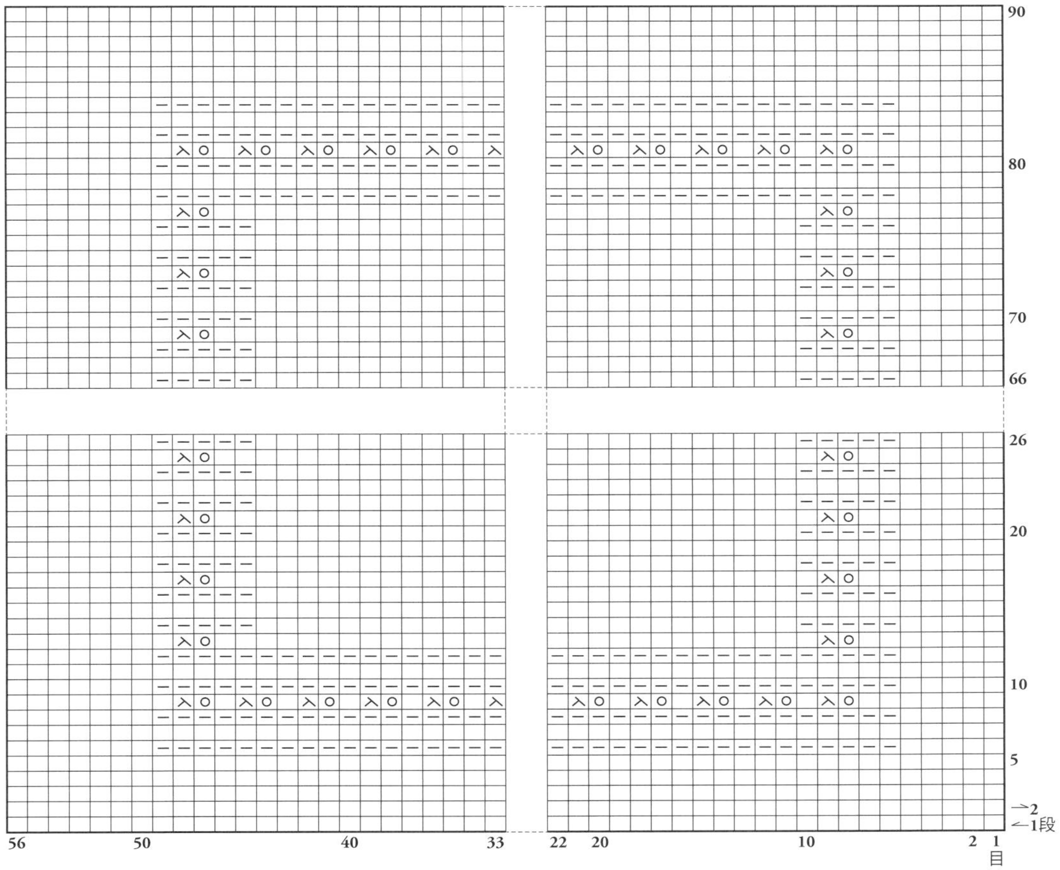
90
80
70
66
26
20
10
5
2
1段
56
50
40
33
22
20
10
2
1
目

パッチワーク風ミトン　写真29ページ

◎**糸**　ハマナカ アメリー（40g玉巻き）
ナチュラルホワイト（20）、ライラック（42）各15g
ピーチピンク（28）10g
ハマナカ フラン（30g玉巻き）　グレー（202）10g
ハマナカ ティノ（25g玉巻き）
ライトブラウン（13）少々

◎**針**　6号2本、4本棒針

◎**ゲージ**　1目ゴム編みの編込み模様　22目23段が10cm四方

◎**サイズ**　てのひら回り15cm（1目ゴム編みが縮んだ状態）　丈27cm

◎**編み方**　糸は指定以外1本どりで編みます。

指に糸をかけて目を作る方法で作り目をし、指定の配色で1目ゴム編みの編込み模様で編みますが、親指穴の位置には別糸を編み込んでおきます。指先は図のように減らし、脇を目立たない色ですくいとじにします。残った18目に糸を2周通して絞ります。親指穴の別糸を抜いて拾い目をし、親指を1目ゴム編みで輪に編み、最終段の目に糸を2周通して絞ります。もう片方は配色と親指穴の位置をかえて同じ要領で編みます。

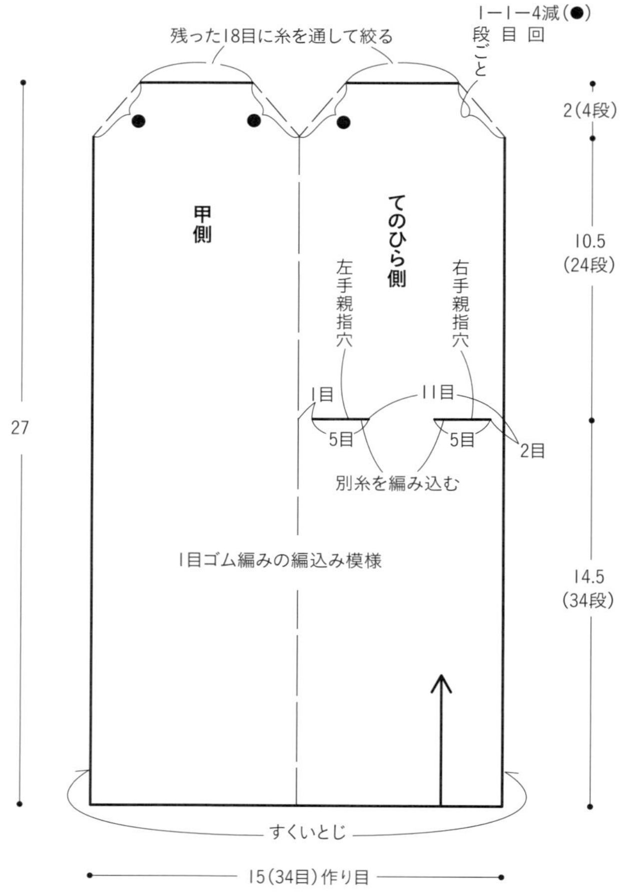

親指　1目ゴム編み
右手　ナチュラルホワイト
左手　グレー

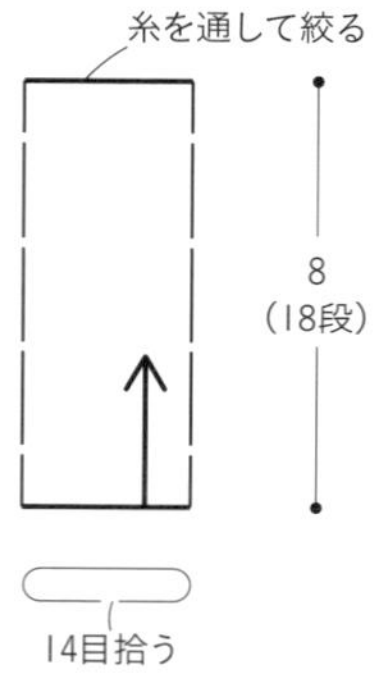

親指の拾い方

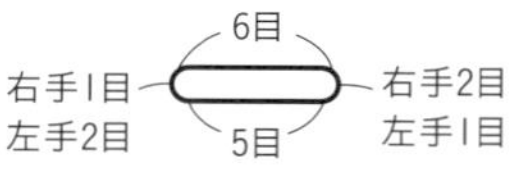

親指の編み方

◎親指穴に別糸を編み込む

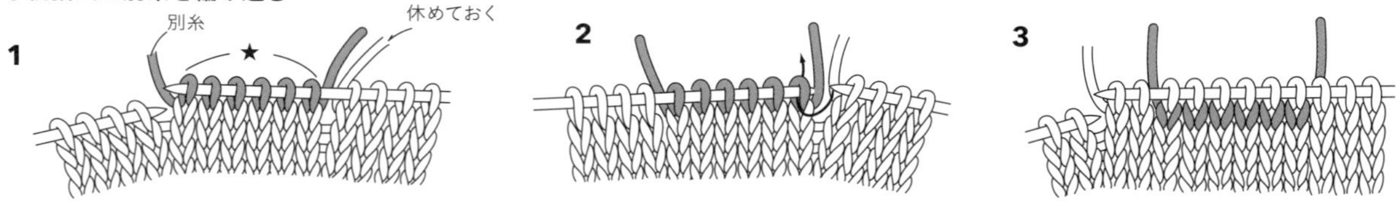

1　親指穴の手前で編んでいた糸を休め、別糸で指定の目数（★ ここでは6目）を編む

2　別糸で編んだ目を左の針に移し、別糸の上から続きを編む

3　続けて編み進む

◎親指の目の拾い方

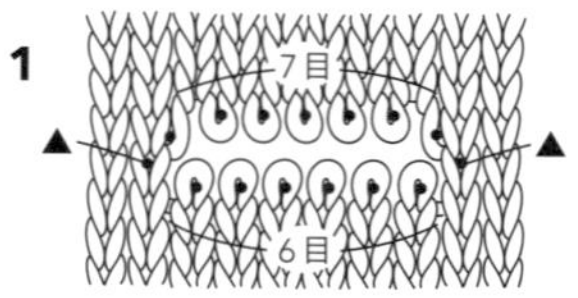

別糸をほどき、上下から親指の目数を針に分けて拾う
※拾い目が足りないときは、左右の▲からも拾う

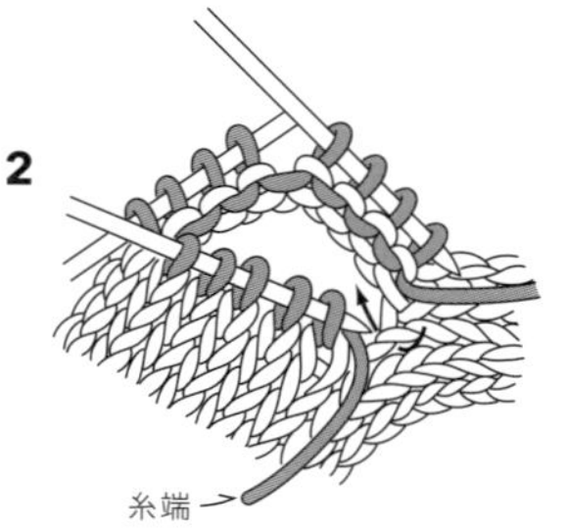

糸をつけて1段めを編む。
下の目から編み始める。
▲の部分から拾う場合は、矢印のように左針を入れ、ねじりながら1目編む。
反対側から1目拾う場合も、同じ要領でねじる

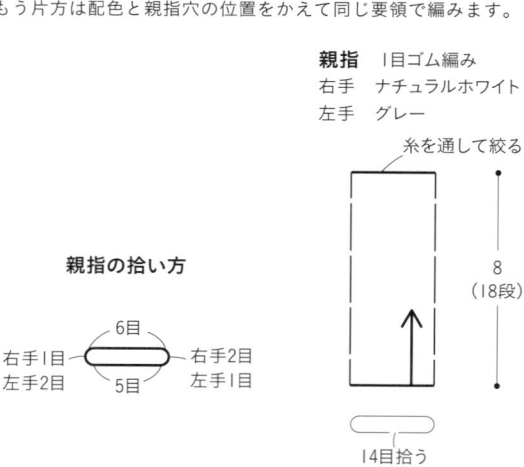

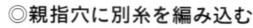

編込み図案

左手の編み方

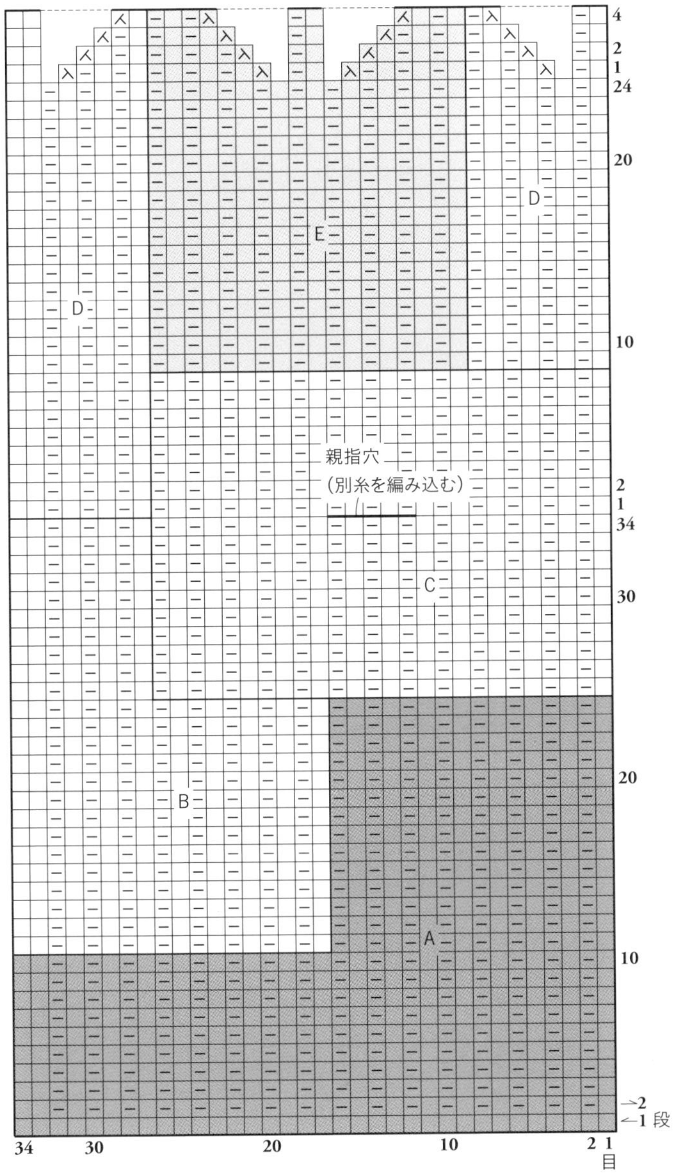

右手の編み方

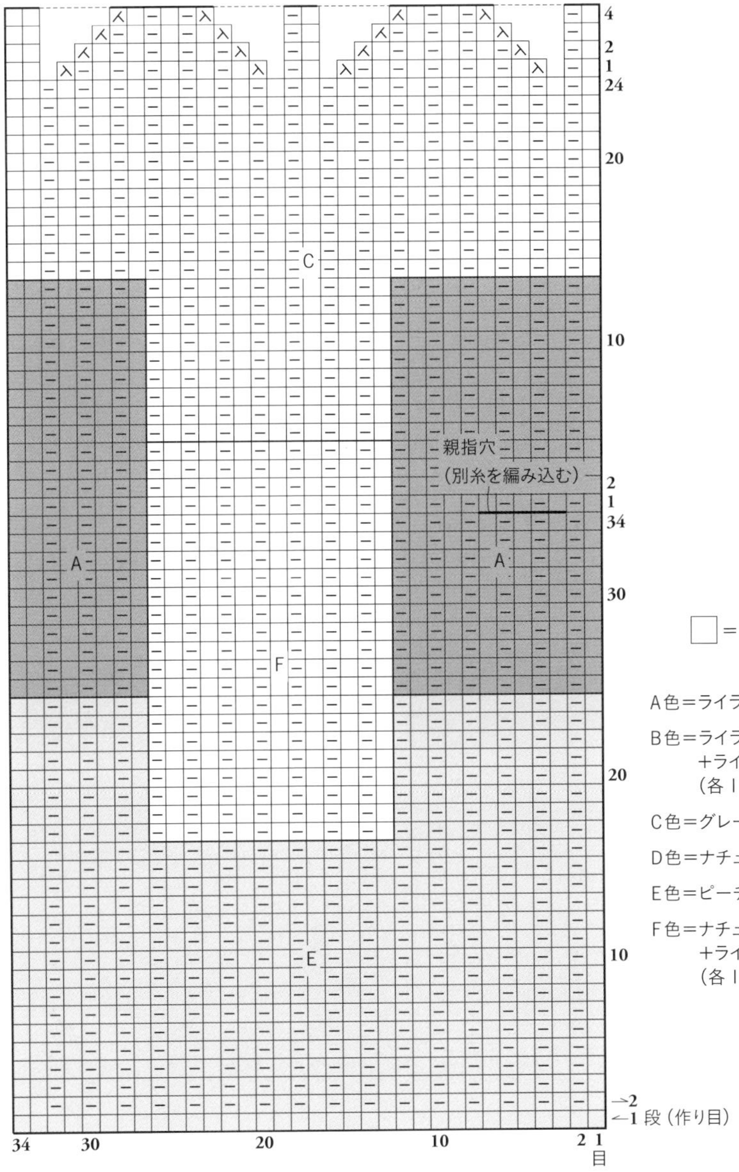

□ = |

A色=ライラック

B色=ライラック
+ライトブラウン
(各1本の2本どり)

C色=グレー

D色=ナチュラルホワイト

E色=ピーチピンク

F色=ナチュラルホワイト
+ライトブラウン
(各1本の2本どり)

毛糸のパンツ　写真30ページ

◎糸　リッチモア カシミヤ（20g玉巻き）
ブルー（117）70g
◎針　5号、6号4本棒針
◎その他　幅2.5cmのゴムテープ72cm
◎ゲージ　メリヤス編み　22目34段が10cm四方
◎サイズ　ウエスト70cm　後ろ丈28.5cm

◎**編み方**　糸は1本どりで編みます。
別糸を使って目を作る方法で作り目をして輪にし、メリヤス編みで48段編みます。前後に分け、図のように足口の減し目をしながら往復に編み、残った18目ずつをメリヤスはぎにします。作り目をほどいて拾い目をし、ウエストに1目ゴム編みを編んで伏止めにします。足口から拾い目をし、1目ゴム編みを輪に編んで1目ゴム編み止めにします。ウエストの1目ゴム編みを二つ折りにし、輪に縫ったゴムテープをはさみながらまつります。

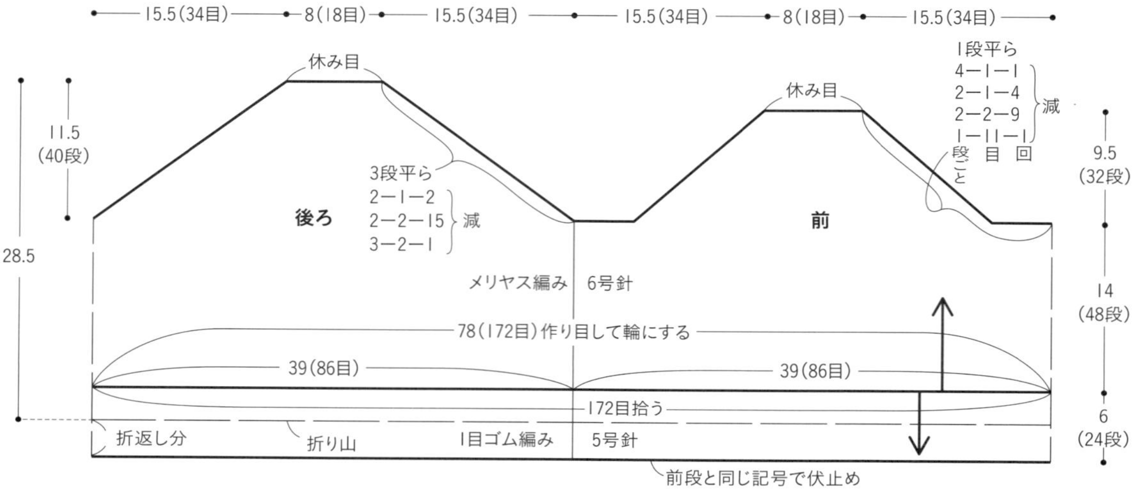
15.5(34目)
8(18目)
15.5(34目)
15.5(34目)
8(18目)
15.5(34目)
休み目
休み目
1段平ら
4−1−1
2−1−4
2−2−9
1−11−1
段 目 回
ごと
減
11.5
(40段)
28.5
3段平ら
2−1−2
2−2−15
3−2−1
減
後ろ
前
9.5
(32段)
メリヤス編み　6号針
14
(48段)
78(172目)作り目して輪にする
39(86目)
39(86目)
172目拾う
6
(24段)
折返し分
折り山
1目ゴム編み　5号針
前段と同じ記号で伏止め

ウエストの始末と足口

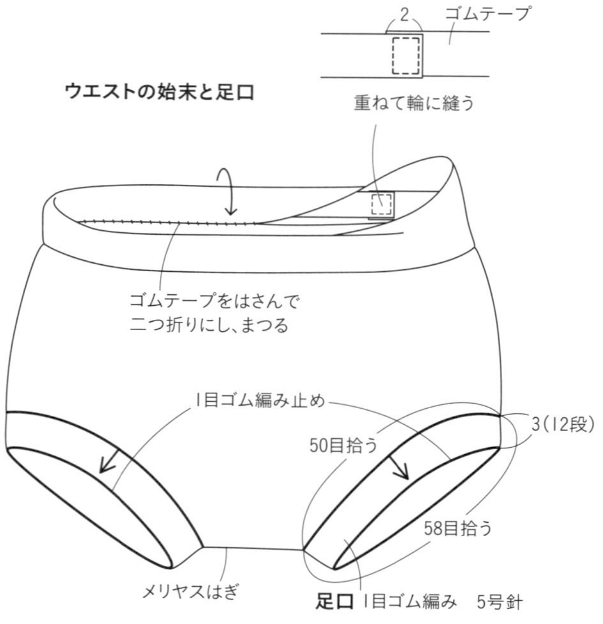
2
ゴムテープ
重ねて輪に縫う
ゴムテープをはさんで
二つ折りにし、まつる
1目ゴム編み止め
3(12段)
50目拾う
58目拾う
メリヤスはぎ
足口 1目ゴム編み　5号針

◎作り目を輪にする

1

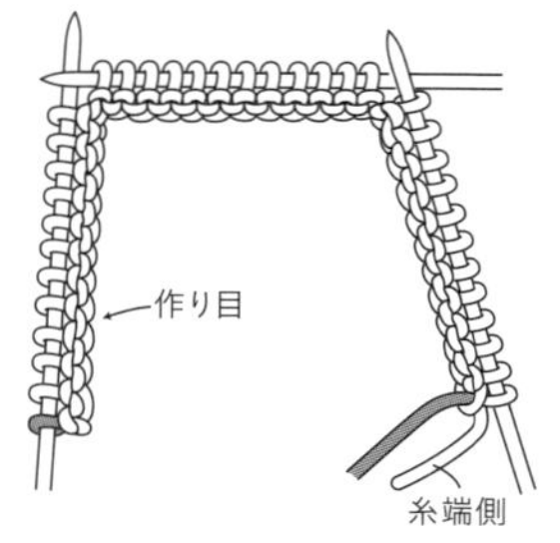
作り目
糸端側

必要目数の
作り目をし、
3本の針に分ける

2

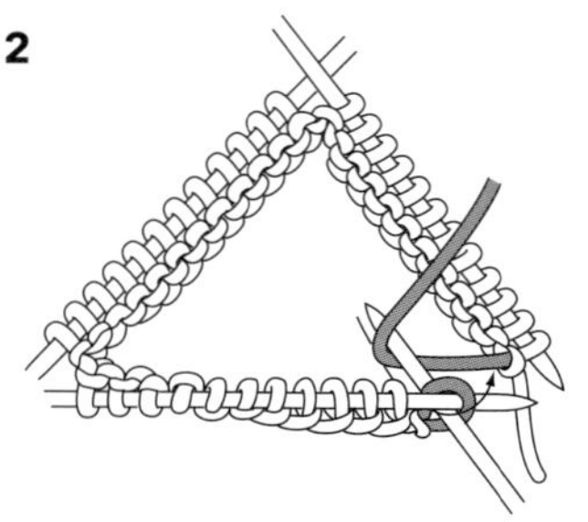

もう1本の針で
最初の目を編み、
輪に編み進む。
※ねじれないように
注意する

足口の減し方

すべり目をしてから伏せ目

前

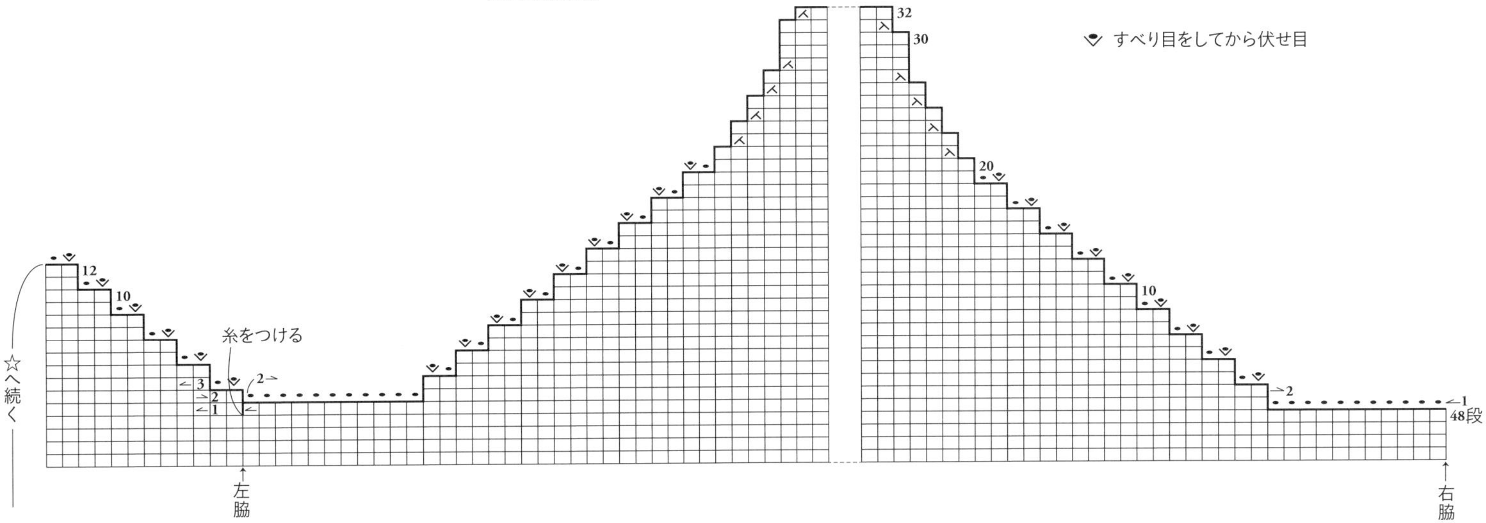

後ろ

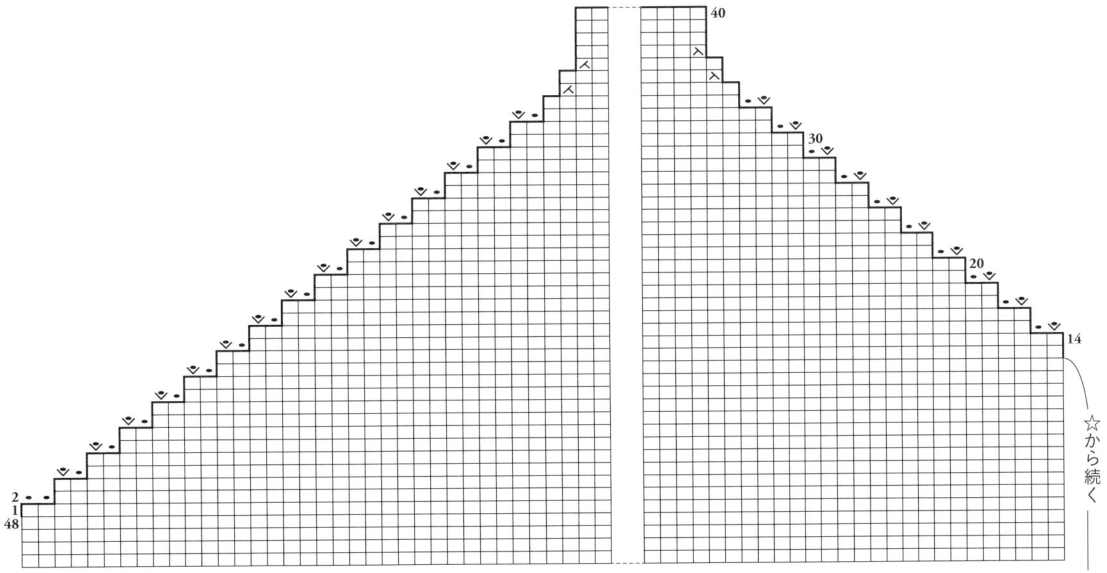

□＝|

バッグ　写真31ページ

◎**糸**　ハマナカ わんぱくデニス（50g玉巻き）
右：ベージュ（31）80g　黒（17）10g
左：黒（17）80g　ベージュ（31）10g

◎**針**　7号2本棒針　6/0号かぎ針

◎**ゲージ**　メリヤス編み（ひもを除く）　19.5目26段が10cm四方

◎**サイズ**　幅24cm　深さ28.5cm

◎**編み方**　糸は1本どりで、指定以外右はベージュ、左は黒で編みます。袋布は指に糸をかけて目を作る方法で作り目をし、メリヤス編みと模様編み（あとから玉編みを編みつける）で編み、編終りは伏止めにします。ひもは同様に作り目し、メリヤス編みで80cmの長さになるまで編み、伏止めにします。側面を外表に二つ折りにし、脇をあき止りまですくいとじにします。ひも通しは裏側に二つ折りにしてまつります。ひもを両側から通し、先を結びます。

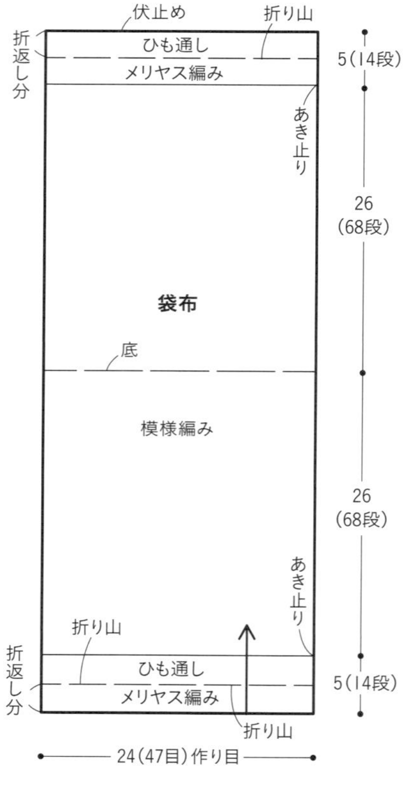

ひも　2本

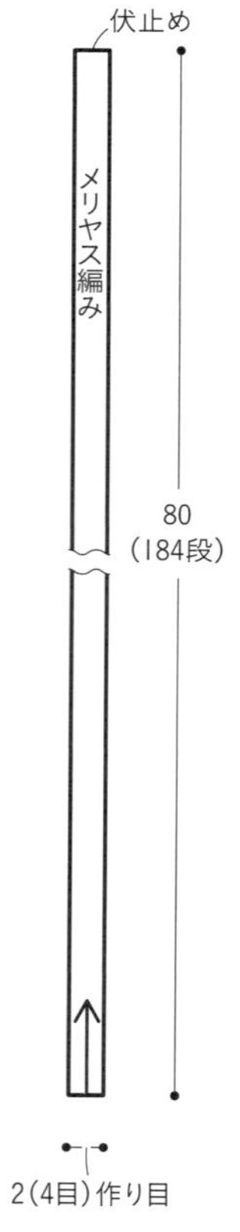

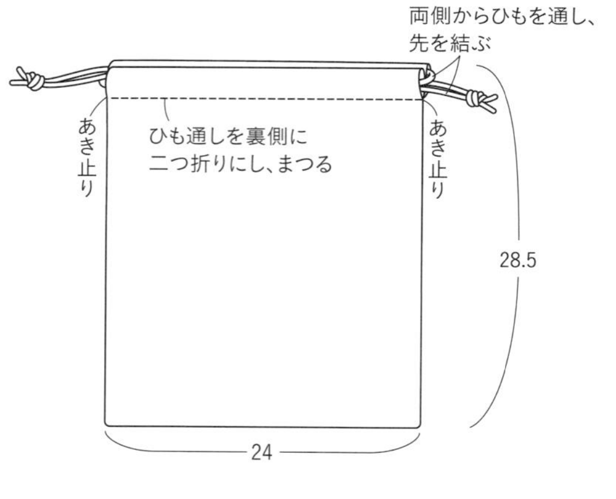

袋布の編み方

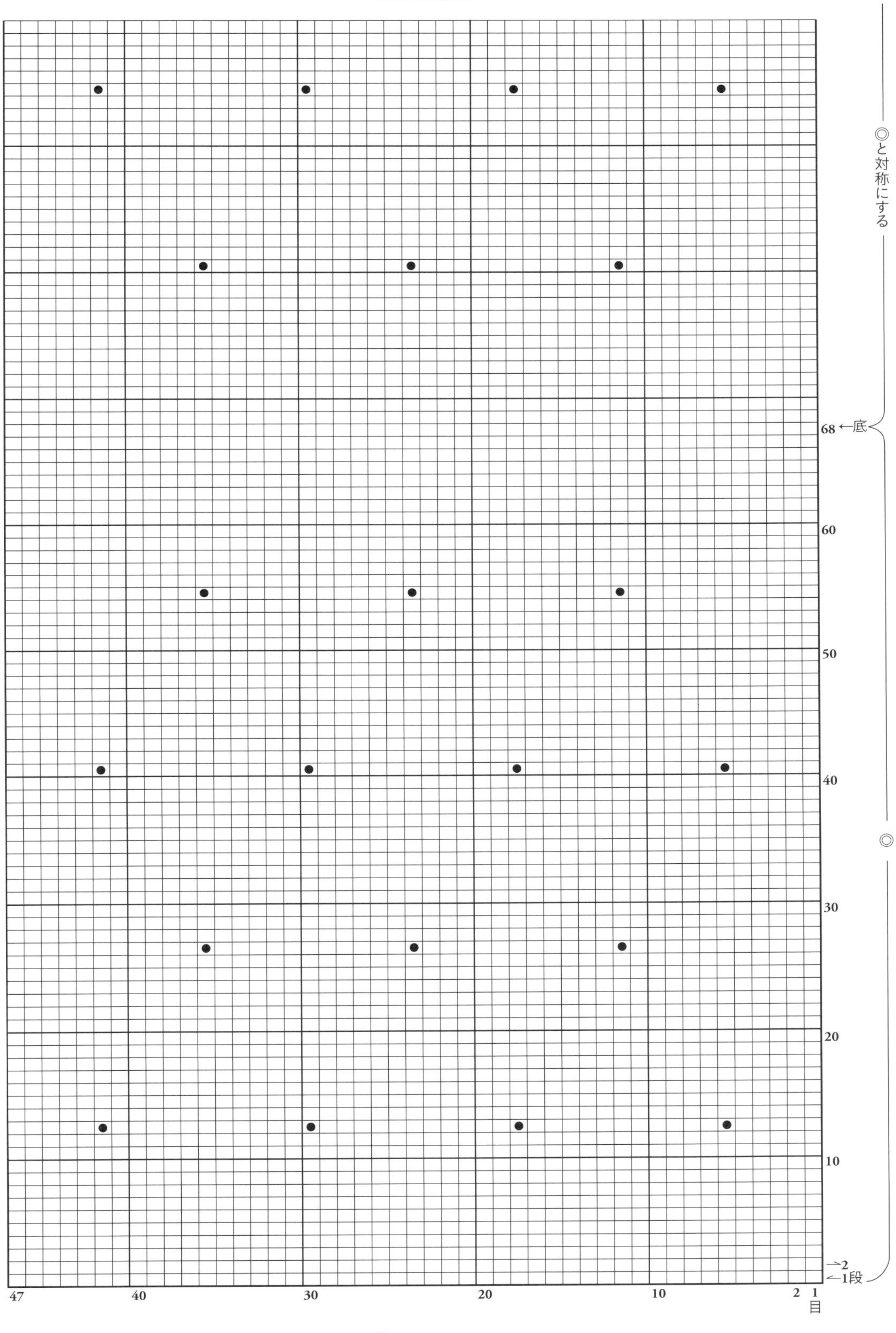

□ = | 右 ベージュ
左 黒

● = あとから編みつける
6/0号針
右 黒
左 ベージュ
1つずつ糸を切り、始末をする

ヘアバンド　写真27ページ

◎糸　ハマナカ ハマナカモヘア（25g玉巻き）
グレー（74）30g
ハマナカ コロポックル（25g玉巻き）
チャコールグレー（14）15g

◎針　3号、6号2本棒針

◎その他　ヘアゴム34cm

◎ゲージ　①模様編み　19目22段が10cm四方
②模様編み　22目が10cm　32段が9cm

◎サイズ　フリー

◎編み方　糸は1本どりで編みます。
本体は指に糸をかけて目を作る方法で作り目をし、①模様編みで編み、伏止めにします。同じものをもう1枚編みます。ゴム通しも同様に作り目をし、②模様編みで編み、伏止めにします。本体にヘアゴムを通して輪に結び、ゴム通しでヘアゴムをくるんで巻きかがりにし、両端を本体にまつります。頭のサイズに合わせて本体を結びます。

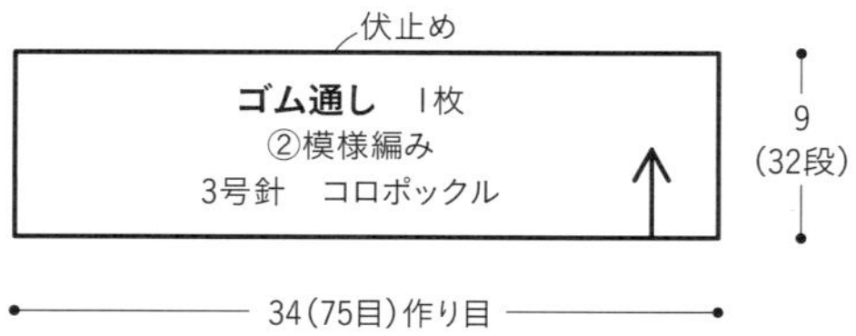

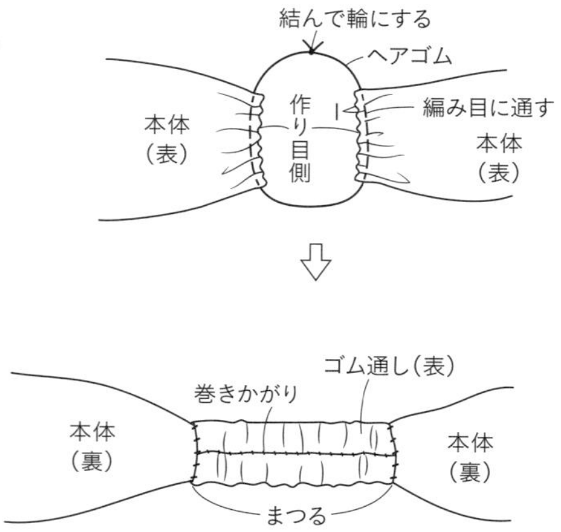

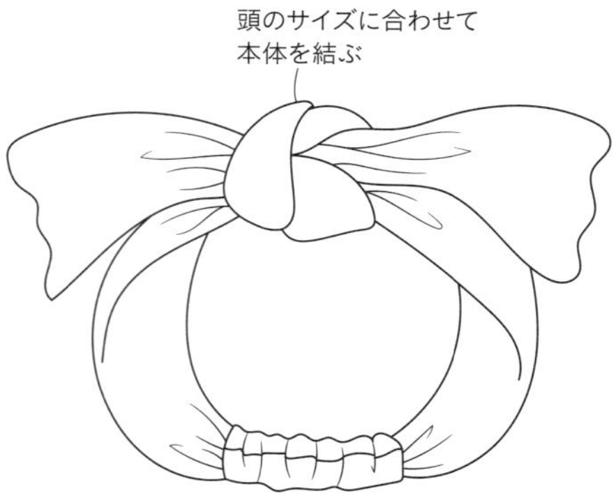

①模様編み記号図

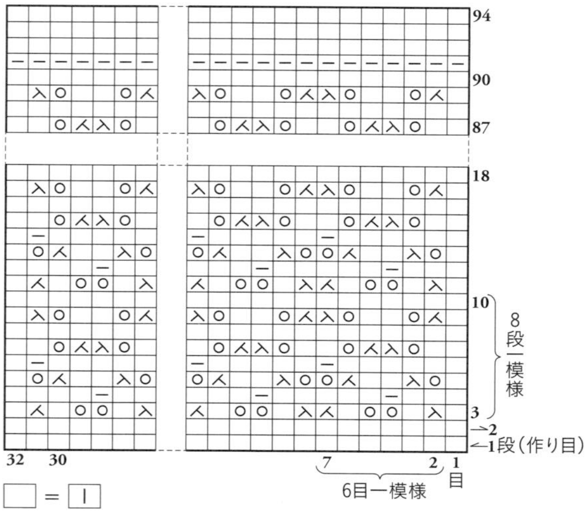

②模様編み記号図

※裏目の段が折り山になる

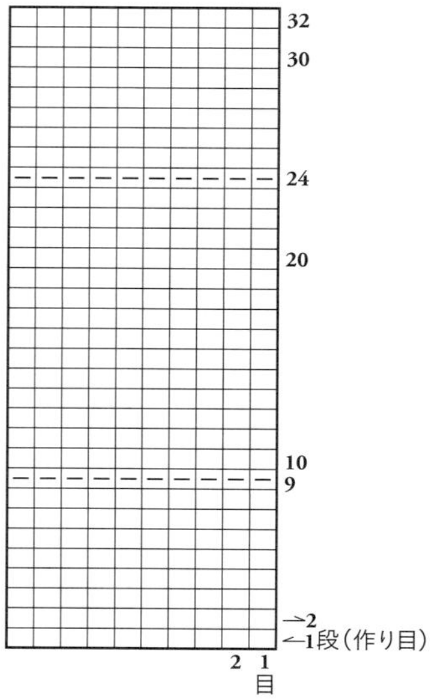

編み物の基礎

棒針編み

作り目

◎指に糸をかけて目を作る方法　作り目は指定の針の号数より2号以上細い針2本か、1号太い針1本を使うときれいです

1

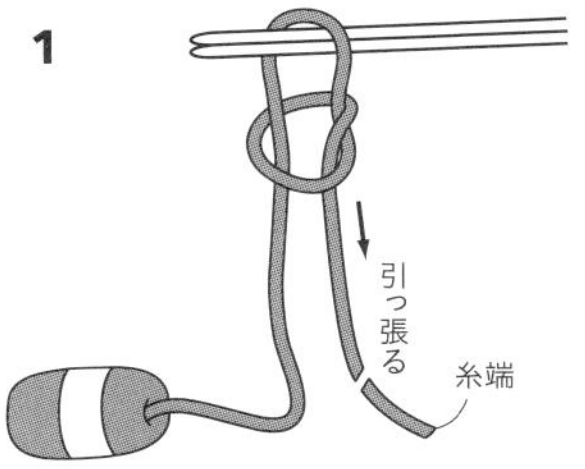

糸端から編む寸法の約3倍の長さのところで輪を作り、棒針をそろえて輪の中に通す

2

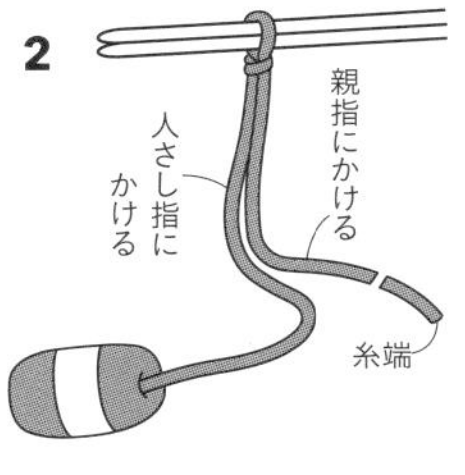

輪を引き締める

3

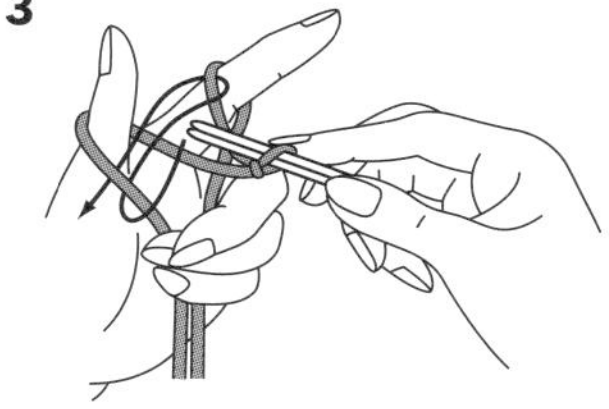

短いほうを左手の親指に、糸玉のほうを人さし指にかけ、右手は輪のところを押さえながら棒針を持つ。人さし指にかかっている糸を図のようにすくう

4

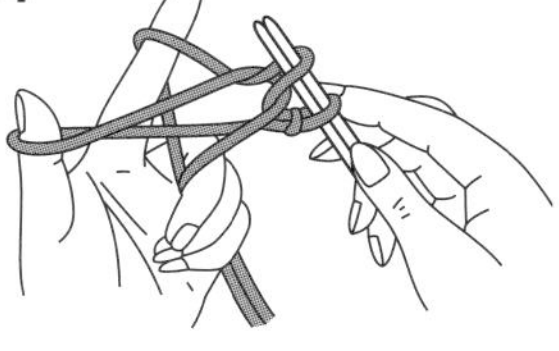

すくい終わったところ

5

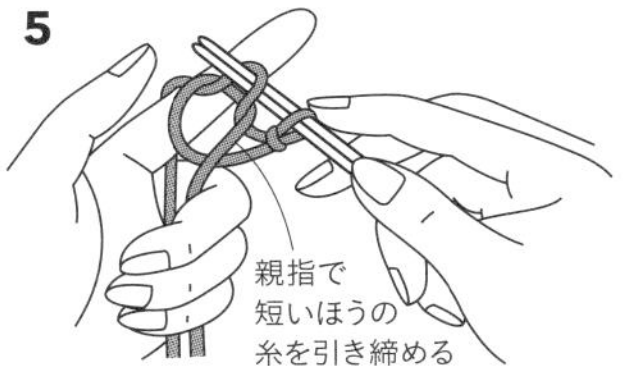

親指にかかっている糸をはずし、その下側をかけ直しながら結び目を締める

6

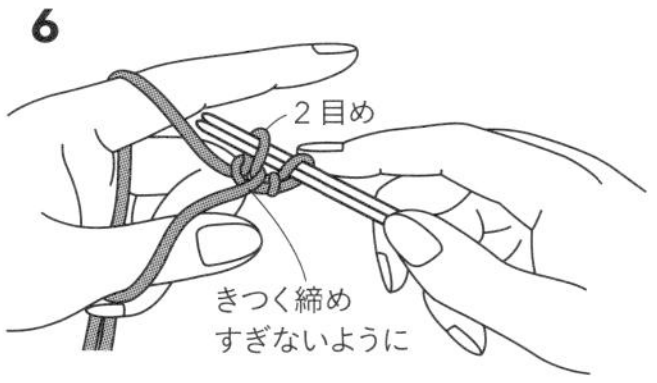

親指と人さし指を最初の形にする。
3〜5 を繰り返す

7

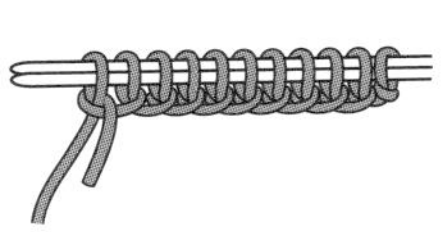

必要目数を作る。
これを表目1段と数える

8

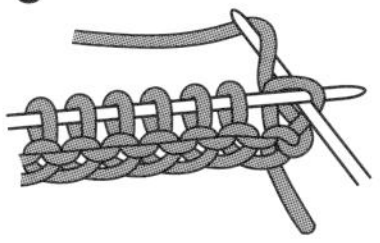

2本の棒から1本を抜き、
糸のある側から2段めを編む。
※輪に編む場合はp.70 参照

◎別糸を使って目を作る方法

1

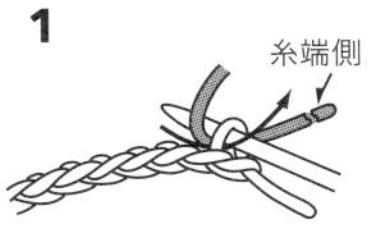

編み糸に近い太さの木綿糸で、かぎ針で鎖編みをし、鎖の編終りの裏側の山に針を入れて編み糸を引き出す

2

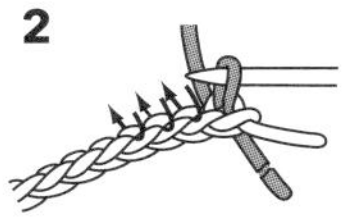

必要数の目を拾う

3

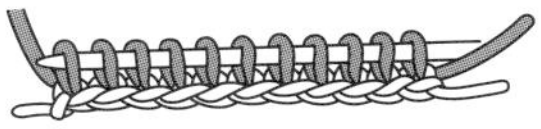

拾ったところ。これを表目1段と数える

4

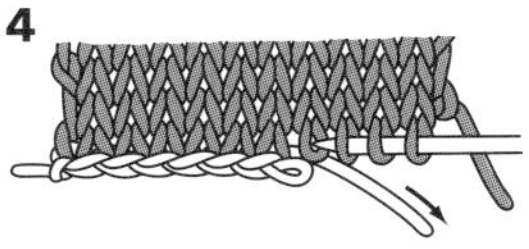

目を拾うときは、別鎖の目をほどきながら目を針に拾う。
最後の端の目は半目を拾う

編み目記号

表目

|

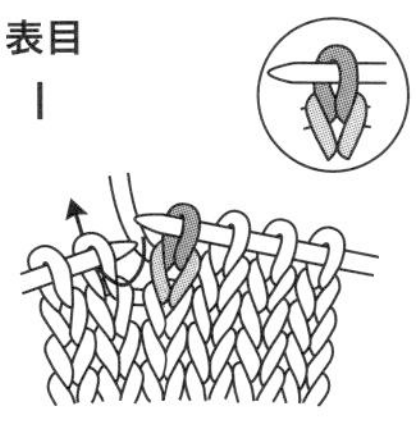

裏目

—

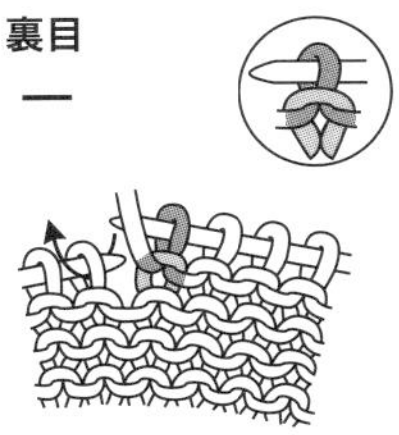

かけ目

○

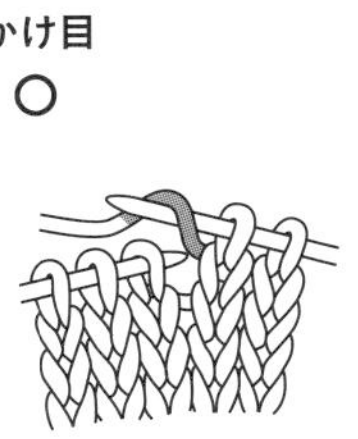

ねじり目

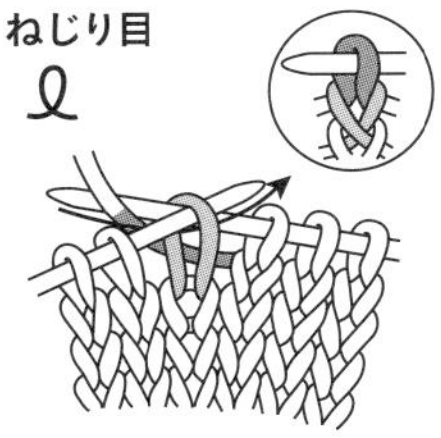

ねじり目（裏目）

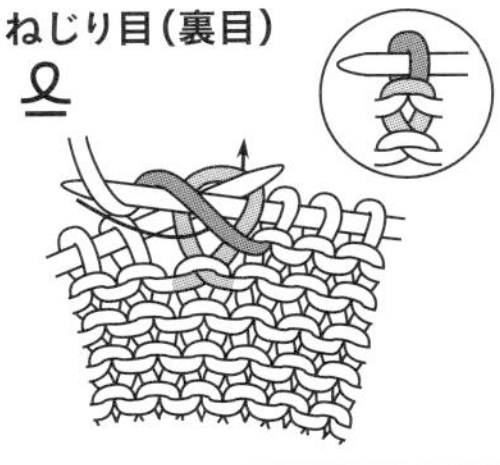

ねじり目
（右上ねじり目）

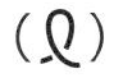

1

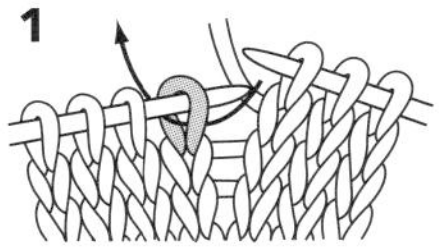

向う側から針を入れ、
表目と同様に編む

2

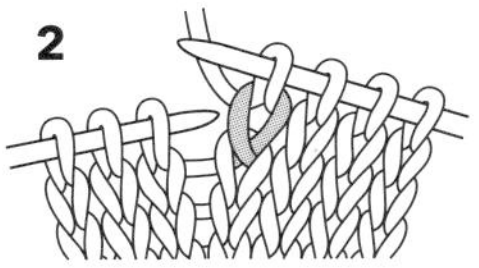

1段下の目がねじれる

ねじり目
（左上ねじり目）

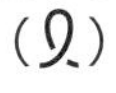

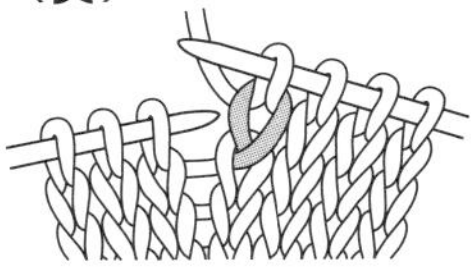

※左側はねじる向きが
対称になるように編む

ねじり目増し目
（右上ねじり目）

1

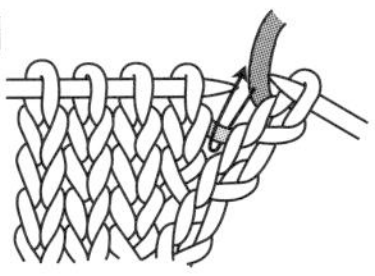

2

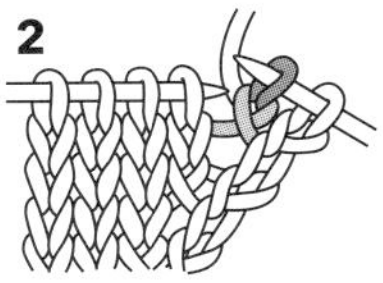

ねじり目で増す場合は
渡り糸を矢印のようにすくう

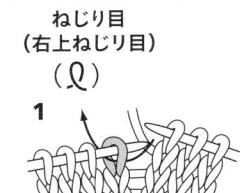

右上2目一度

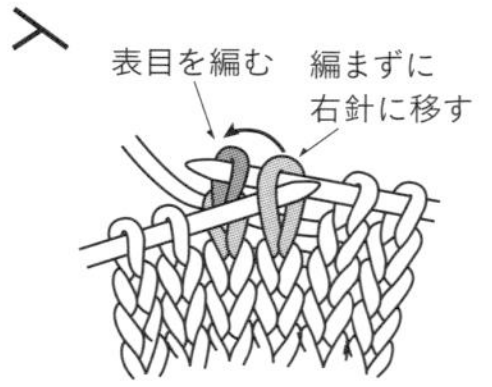
表目を編む
編まずに
右針に移す

移した目をかぶせる

左上2目一度

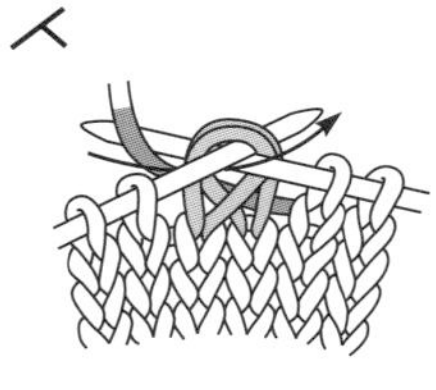

表目を2目一度に編む

右上2目一度（裏目）

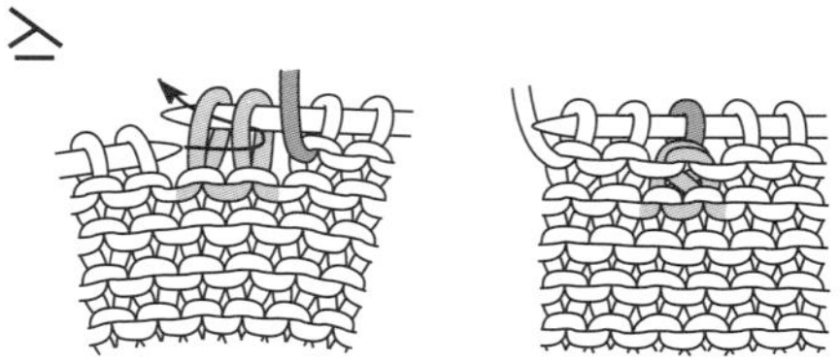

右針に移した2目に針を入れ、目を入れ替える

裏目を2目一度に編む

左上2目一度（裏目）

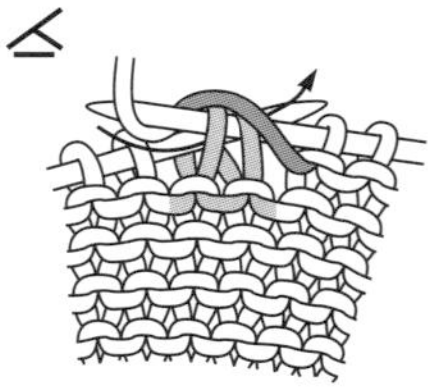

裏目を2目一度に編む

右上3目一度

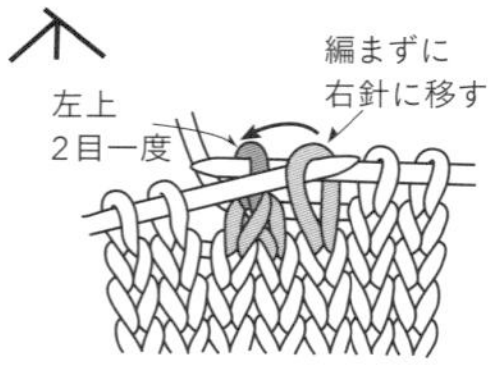
編まずに
右針に移す
左上
2目一度

移した目をかぶせる

左上3目一度

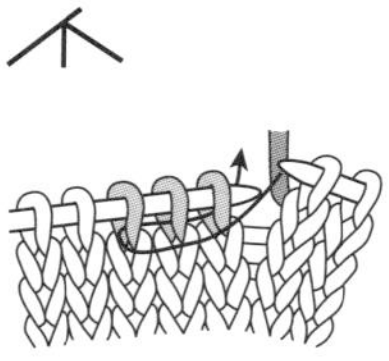

3目一度に編む

中上3目一度

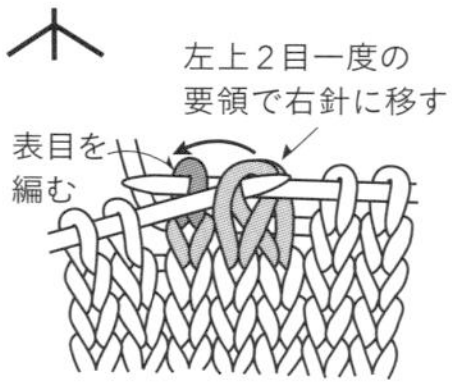
左上2目一度の
要領で右針に移す
表目を
編む

2目を一緒にかぶせる

すべり目

目を編まずに
右の針に移し
編み糸を向う側
に渡す

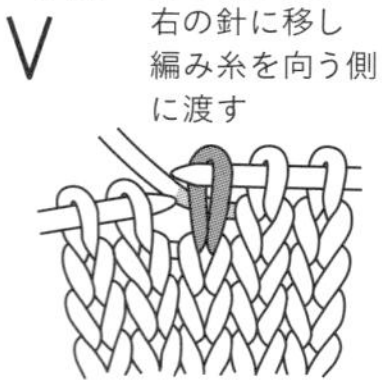

下の段の目が引き上がる

編出し増し目

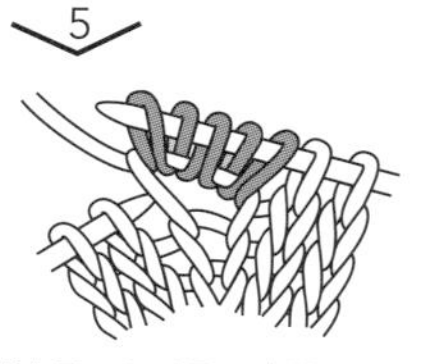
5

「表目、かけ目、表目、かけ目、表目」で1目から5目編み出す

中上5目一度

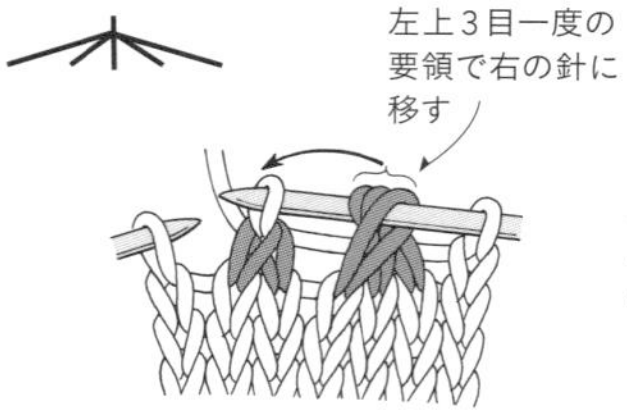
左上3目一度の
要領で右の針に
移す

次の2目を
左上2目一度に編み、
移した3目をかぶせる

左増し目

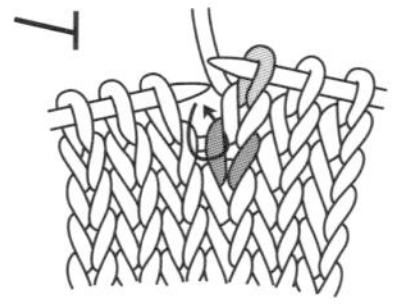

左針で2段下の目を
すくって表目を編む

右増し目

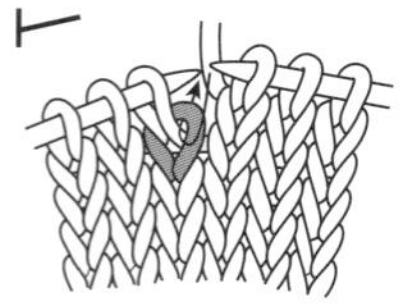

右針で1段下の目を
すくって表目を編む

寄せ目

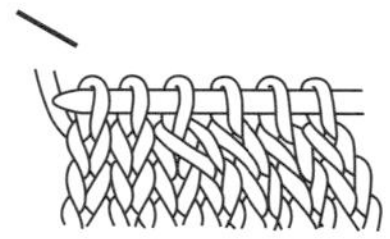

普通に表目で編んだ目が
減し目または増し目で
自然に傾いた目のこと

右上交差

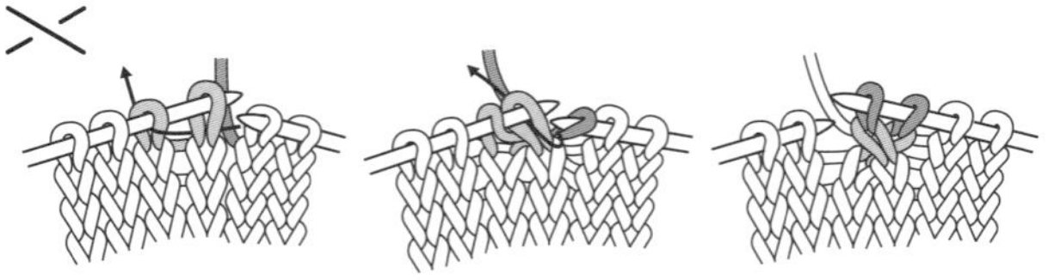

右針を次の目の後ろを
通って矢印のように1目
とばして入れ、表目を編む

とばした目を表目で編む

左針から2目をはずす

左上交差

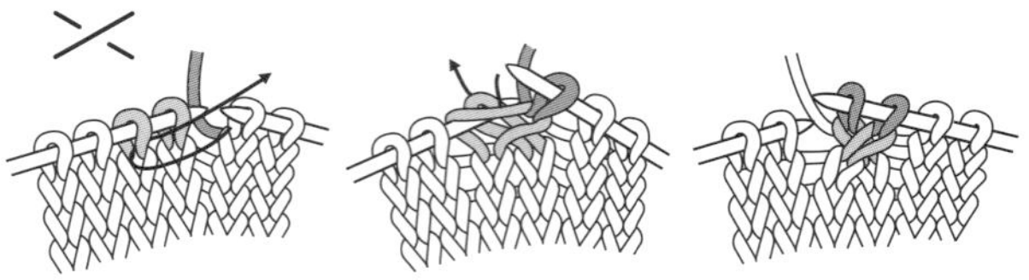

右針を次の目の前を
通って矢印のように1目
とばして入れ、表目を編む

とばした目を表目で編む

左針から2目をはずす

右上交差（2目）

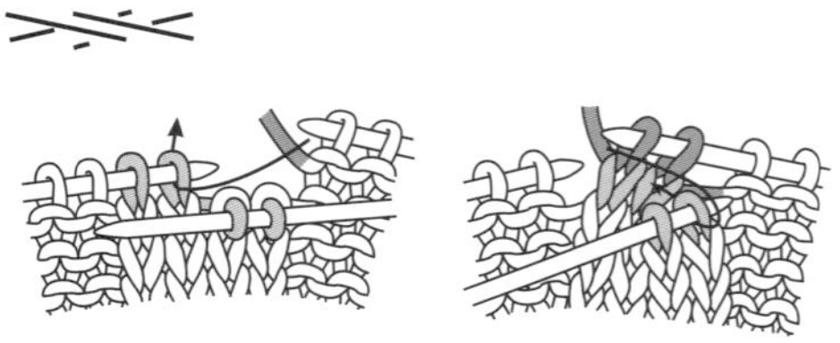

別針に2目とって手前におき、
次の2目を表目で編む

別針の目を表目で編む

左上交差（2目）

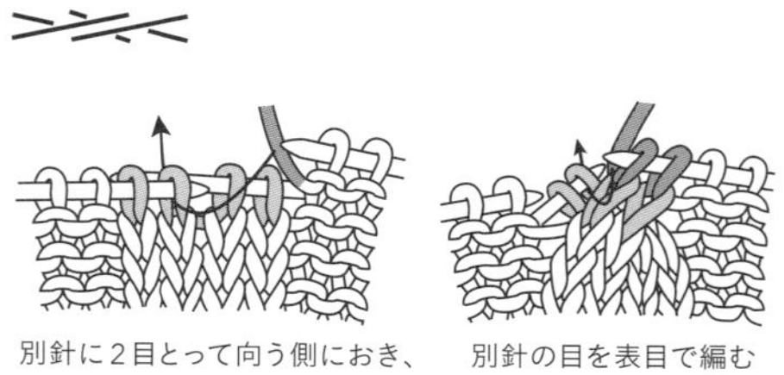

別針に2目とって向う側におき、
次の2目を表目で編む

別針の目を表目で編む

右上2目交差、左上2目交差
の要領で、交差を編むときに
下側の目を裏目で編む

※目数が異なる場合も同じ要領
で編む

右上交差（表目と裏目）

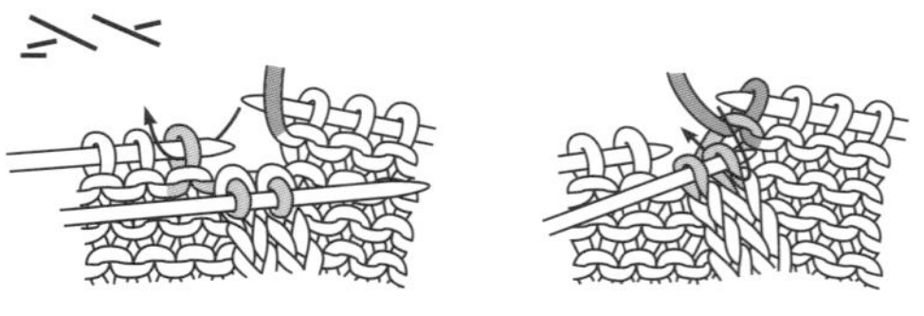

別針に2目とって手前におき、
次の1目を裏目で編む

別針の目を表目で編む

左上交差（表目と裏目）

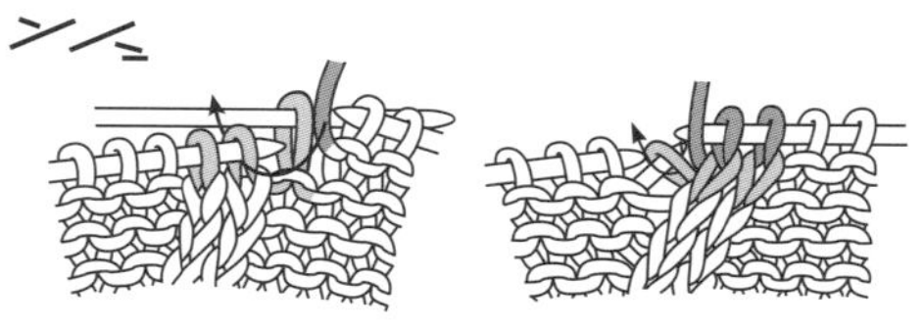

別針に1目とって向う側におき、
次の2目を表目で編む

別針の目を裏目で編む

巻き目

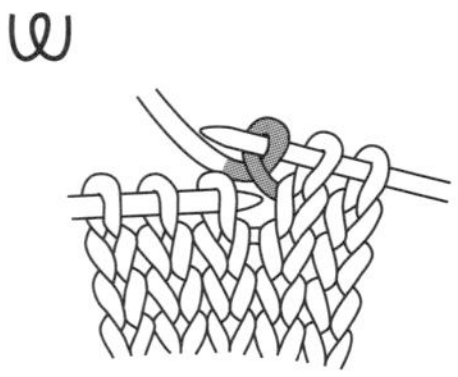

目の止め方

◎伏止め（表目）

1

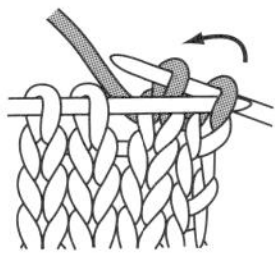

端の２目を表目で編み、
１目めを２目めにかぶせる

2

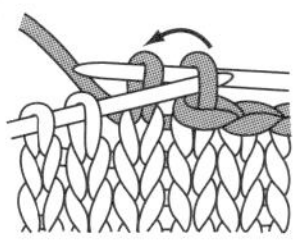

表目を編み、かぶせる
ことを繰り返す

3

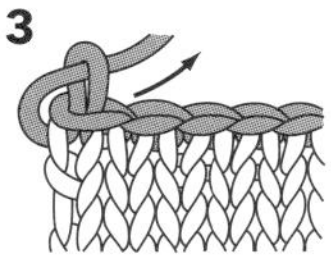

最後の目は、
引き抜いて糸を締める

◎伏止め（裏目）

1

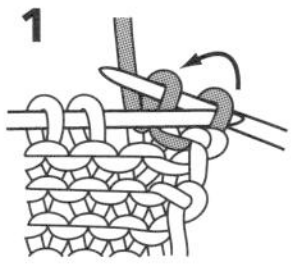

端の２目を裏目で編み、
１目めを２目めにかぶせる

2

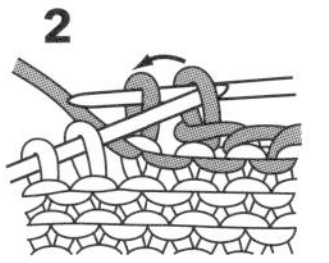

裏目を編み、かぶせる
ことを繰り返す

3

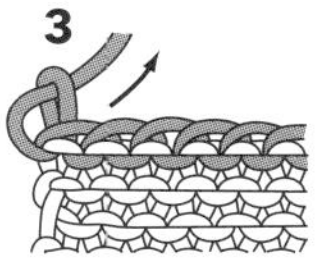

最後の目は、
引き抜いて糸を締める

◎1目ゴム編み止め（輪の場合）

1

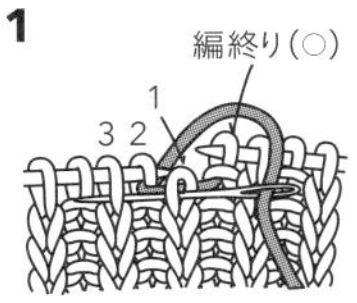

２の目にとじ針を入れ、
続けて１と３の目に
針を入れる

2

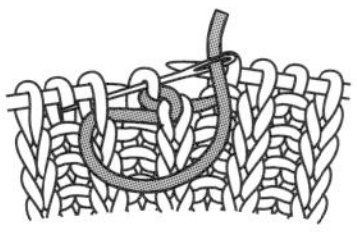

表目をとばして裏目と
裏目に針を入れる

3

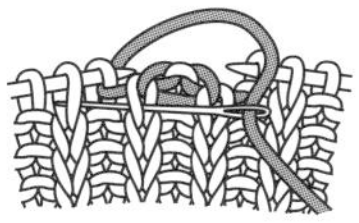

裏目をとばして表目と
表目に針を入れる

4

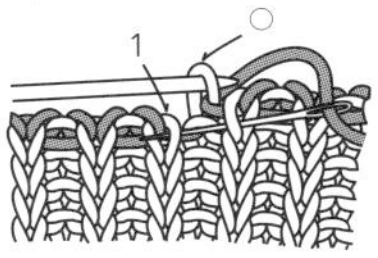

2・**3**を繰り返し、
最後は１の目に
針を入れる

5

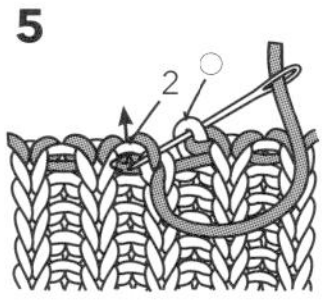

○の目と２の目（裏目）に
針を入れ、矢印の方向に抜く

6

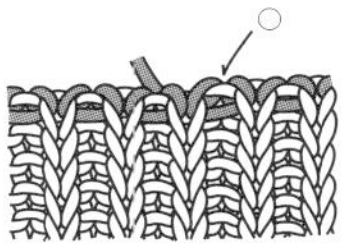

はぎ方・とじ方

◎かぶせ引抜きはぎ

1

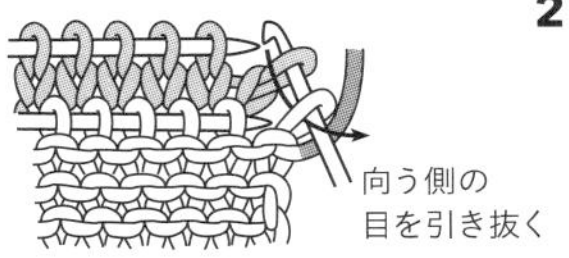

編み地を中表にして持ち、
手前側の目からかぎ針を入れて
２目をとり、向う側の目を引き抜く

2

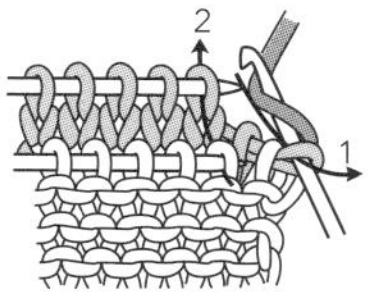

糸をかけて引き抜く

3

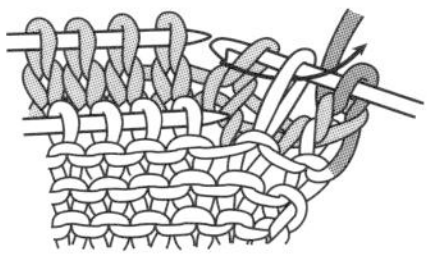

２目めも**1**のように
向う側の目を引き出す

4

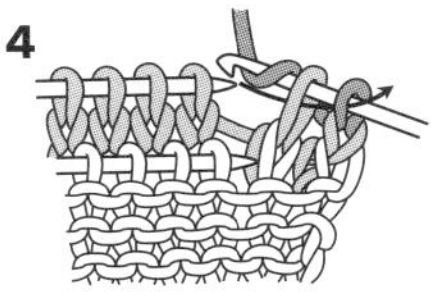

糸をかけ、**3**で引き出した目と
かぎ針にかかっている目を
一緒に引き抜く

5

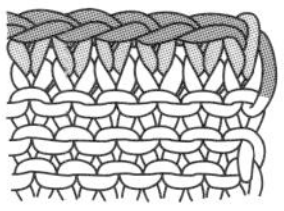

3・**4**を繰り返す

◎メリヤスはぎ（針に目が残っている場合）

1

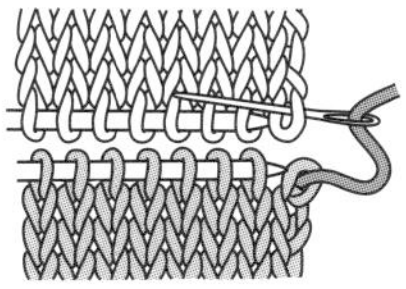

手前側の端の目に裏側から
糸を出し、向う側の端の目に
とじ針を入れる

2

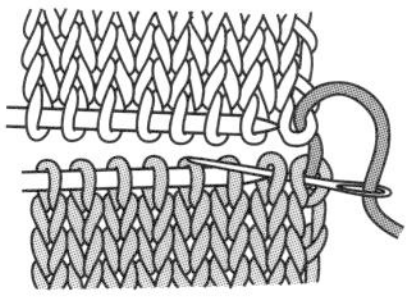

手前側の端の目に戻り、
表側から針を入れ、
２目めの表側に針を出す

3

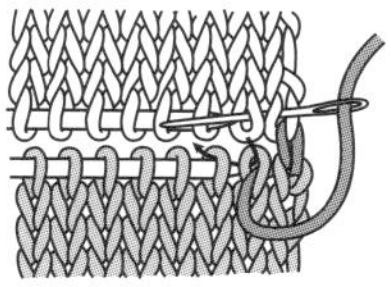

向う側の端の目の表側から
針を入れ、２目めの表側に
針を出す

4

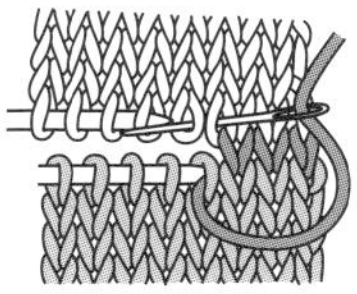

2・**3**を繰り返す

◎メリヤスはぎ（両方の目が伏止めしてある場合）

1

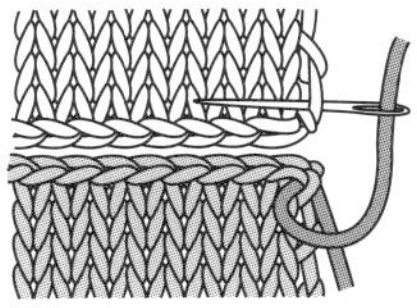

手前側の端の目に
糸を出し、向う側の
端の目にとじ針を
入れる

2

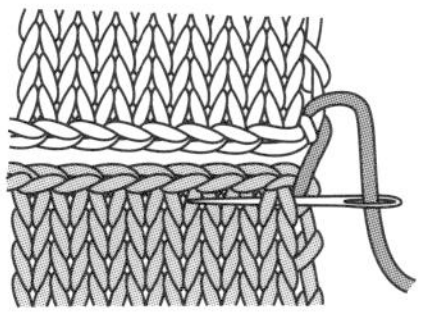

手前側の端の目に
戻り、表側から
針を入れ、２目めの
表側に針を出す

3

向う側は
Ｖの字の目に、
手前側は
八の字の目をすくう

◎目と段のはぎ

編終りが伏止めしている場合も同じ要領ではぎます

1

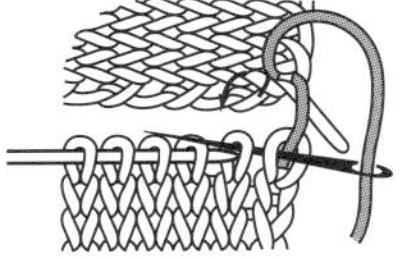

上の段は端の目と２目めの間の
渡り糸をすくい、下の目は
メリヤスはぎの要領でとじ針を入れる

2

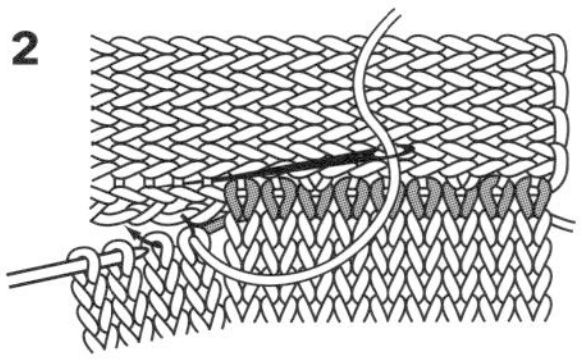

はぎ合わせる目数より段数が多い場合は、
ところどころで１目に対して２段すくい、
均等にはぐ

◎引抜きとじ

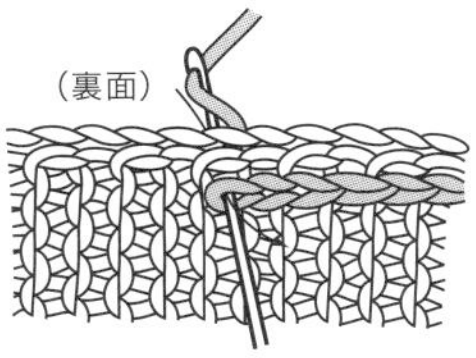

編み地を中表に合わせ、端から
１目めと２目めの間にかぎ針を入れ、
糸をかけてから引き抜く

◎すくいとじ

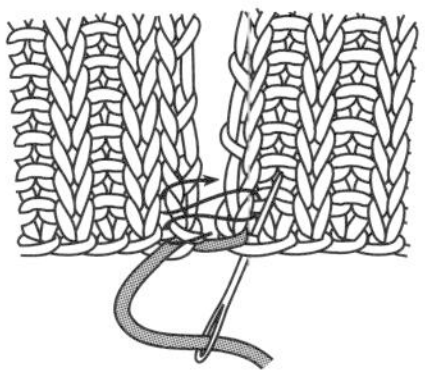

１目めと２目めの間の渡り糸を
１段ずつ交互にすくう。
糸を引き締める

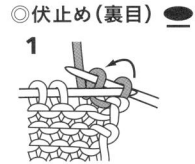

引返し編み　◎2段ごとに編み残す引返し編み

引返し編みは編終り側で操作を始めるので、左右で1段ずれます。
編始め側は引返し編みに入る1段手前から編み残すようにすると、製図上の段差が少なくて済みます

右側

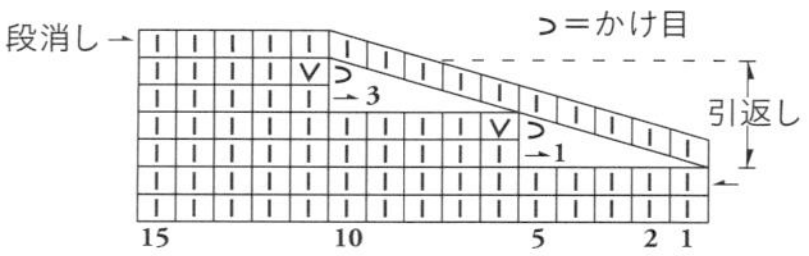

1

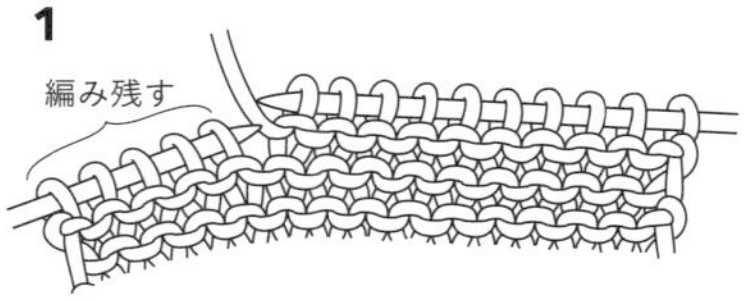

1段め（裏側）。5目編み残す

2

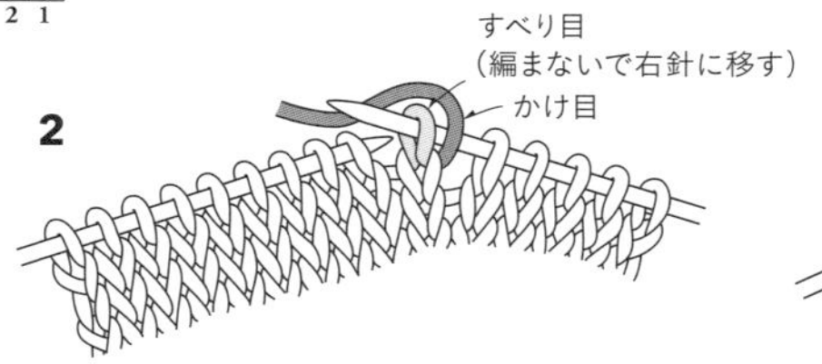

2段め（表側）。表に返し、かけ目をして
次の目はすべり目をする。続けて表目を
9目編む

3

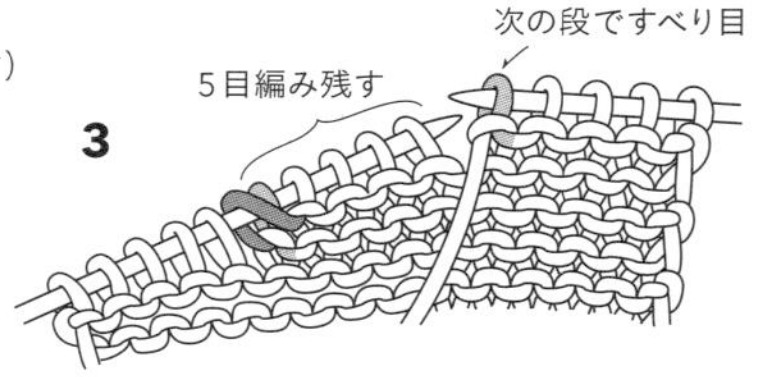

3段め（裏側）。**1**と同様に5目編み残す

4

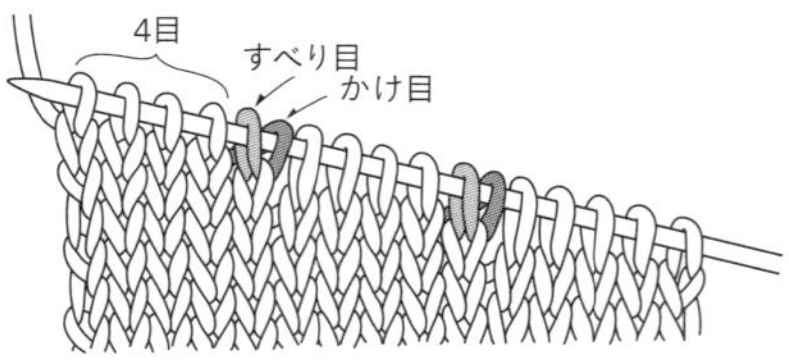

4段め（表目）。**2**と同様にかけ目と
すべり目をして表目を4目編む

5

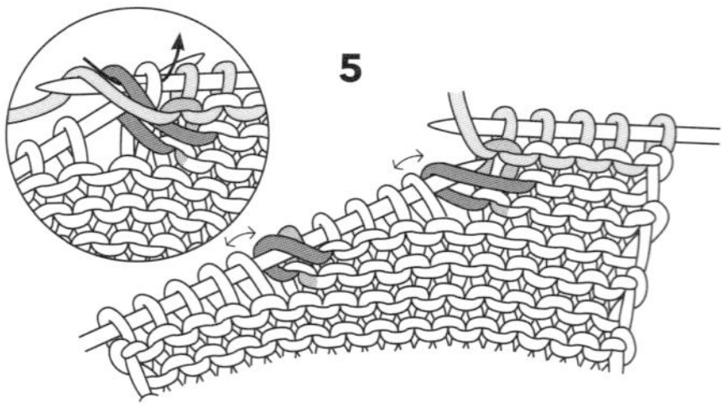

5段め（段消し）。すべり目をした目まで編み、
かけ目が裏側（手前）になるように次の目と
入れ替えて2目一度に編む

6

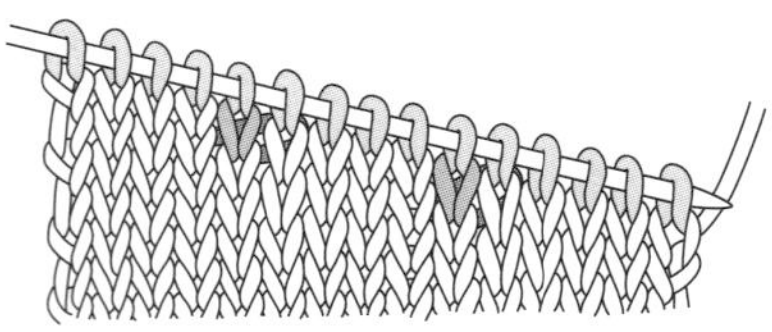

編終りを表側から見た状態

左側

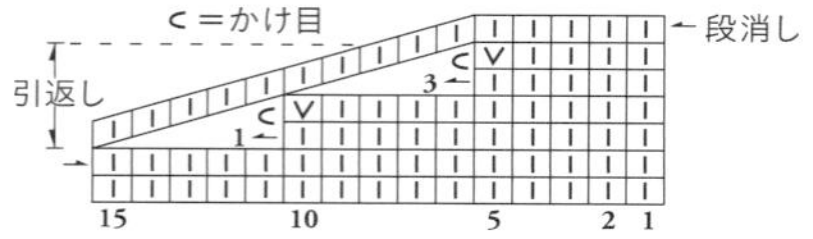

1

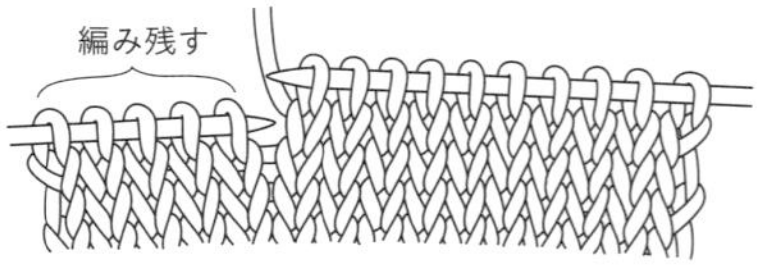

1段め（表側）。5目編み残す

2

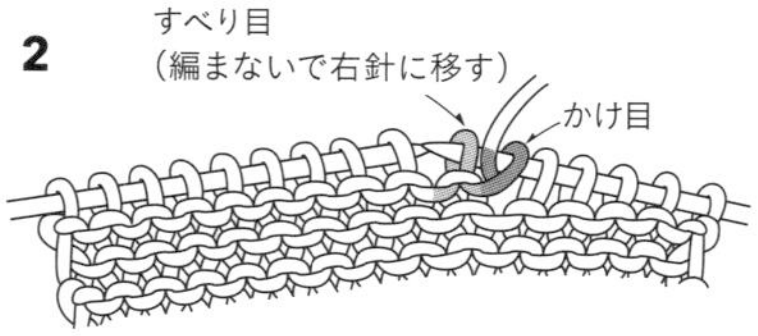

2段め（裏側）。裏に返してかけ目をして
次の目はすべり目をする。続けて裏目を
9目編む

3

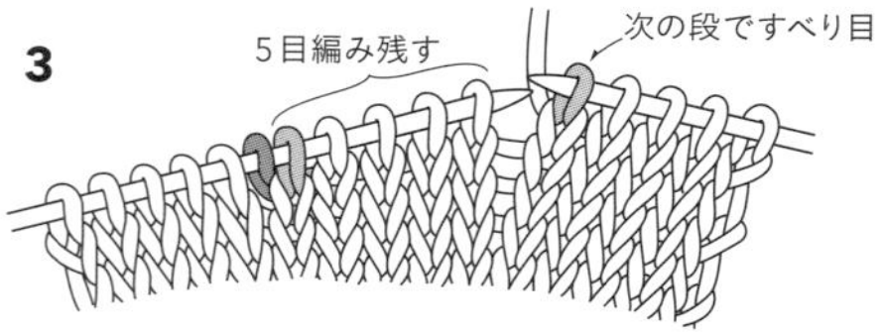

3段め（表側）。**1**と同様に5目編み残す

4

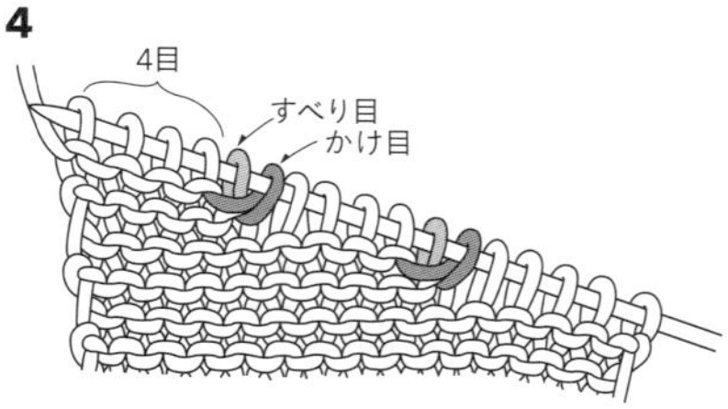

4段め（裏側）。**2**と同様にかけ目と
すべり目をして裏目を4目編む

5

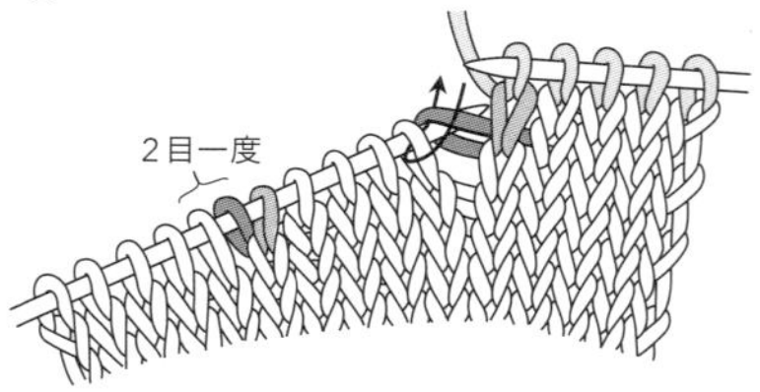

5段め（段消し）。すべり目をした目まで編み、
かけ目と次の目を2目一度に編む

6

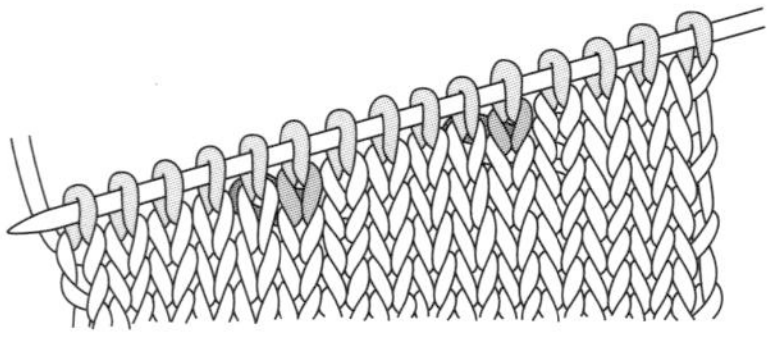

編終りを表から見た状態

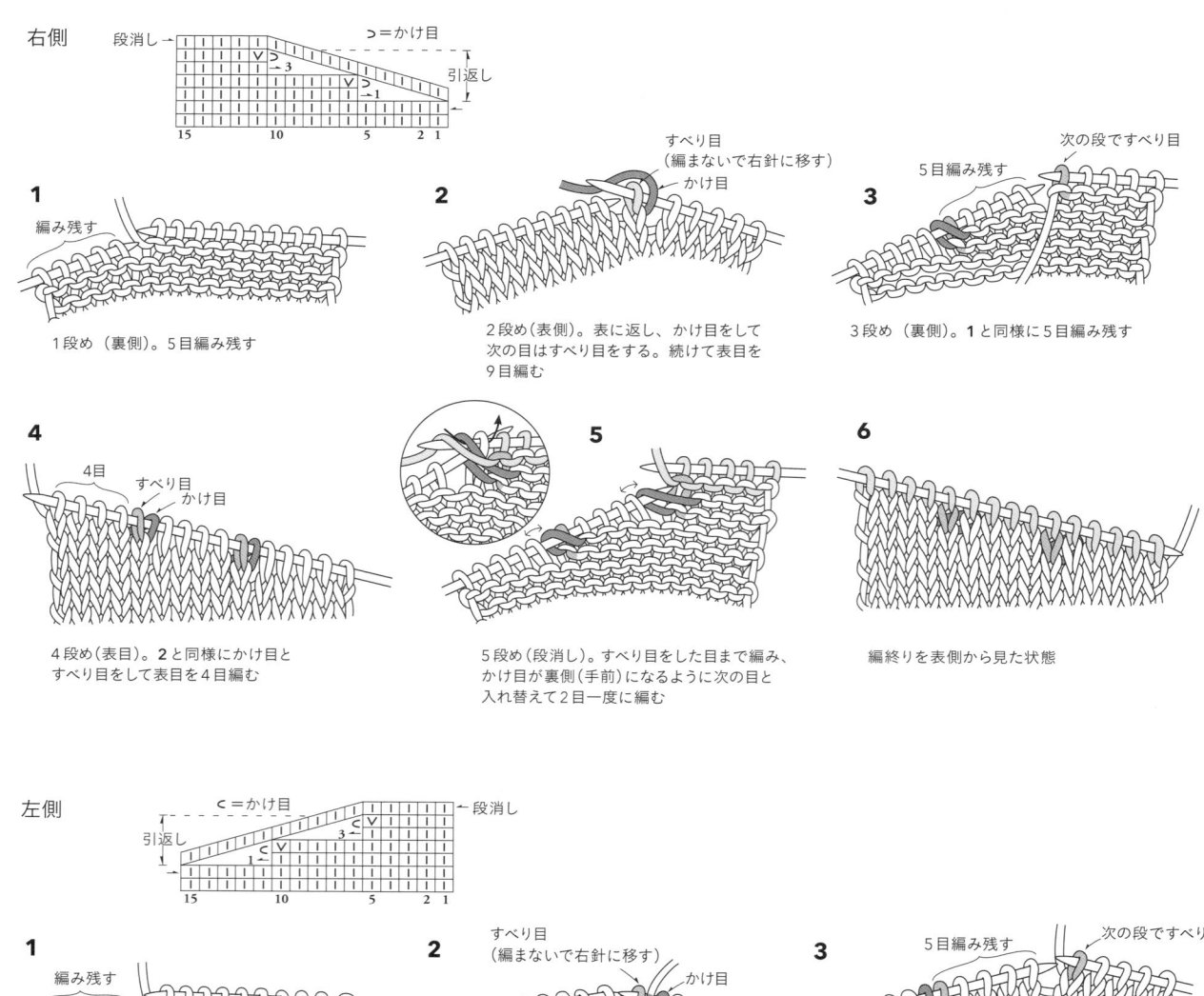

編込み模様の編み方

◎裏に糸を渡す方法

1

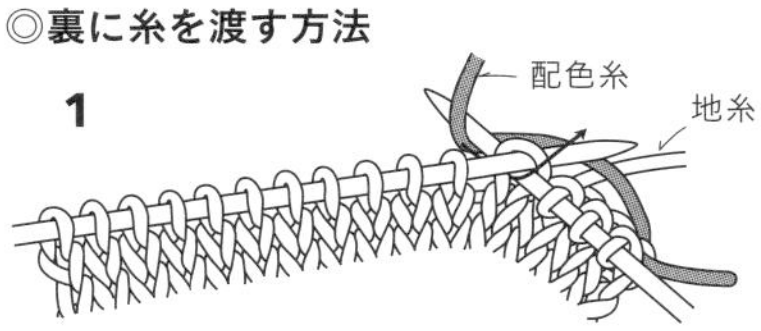

地糸を下にして休ませ、配色糸で編む

2

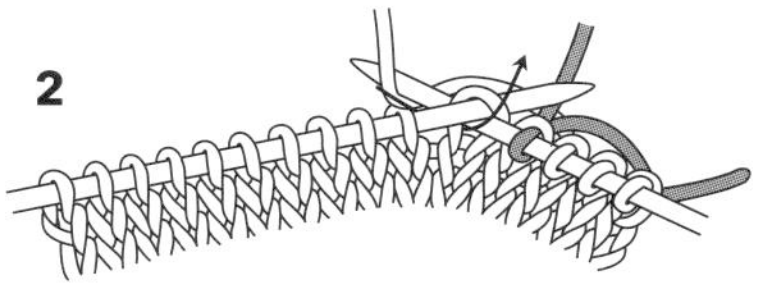

配色糸を上にして休ませ、地糸で編む

3

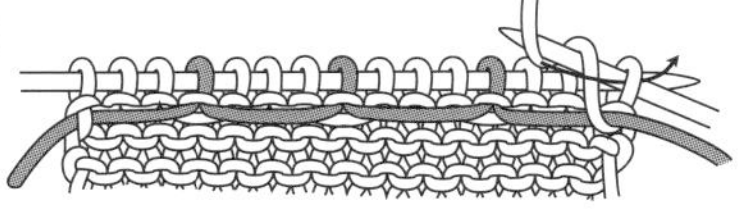

編み地の端まで配色糸を渡す

4

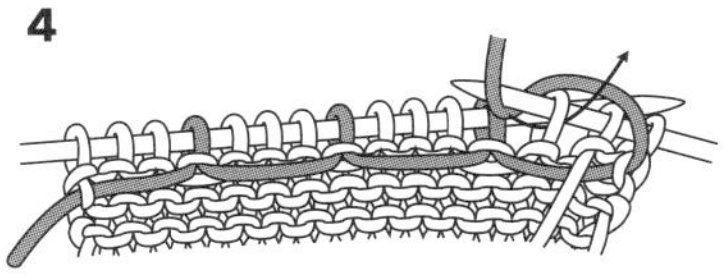

地糸を下にして休ませ、配色糸で編む

5

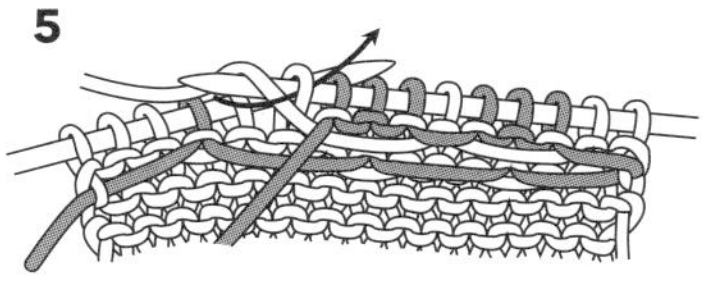

配色糸を上にして休ませ、地糸で編む

6

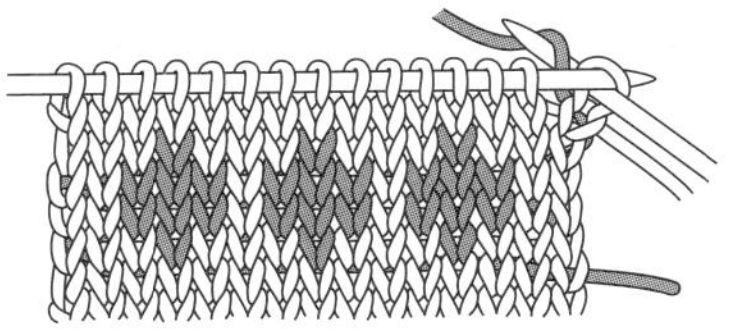

糸をゆるめに渡し、編み地が
つれないように注意する

◎縦に糸を渡す方法

1

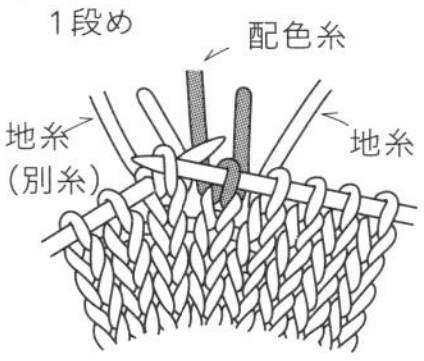

地糸を休ませ、配色糸で
編んで休ませておき、
別の地糸をつけて編む

2

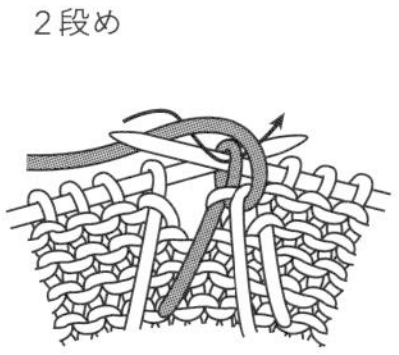

配色糸と地糸（別糸）を
からませてかえて編む

3

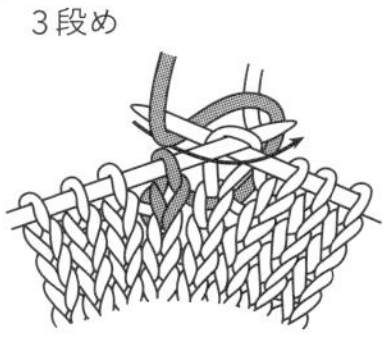

4

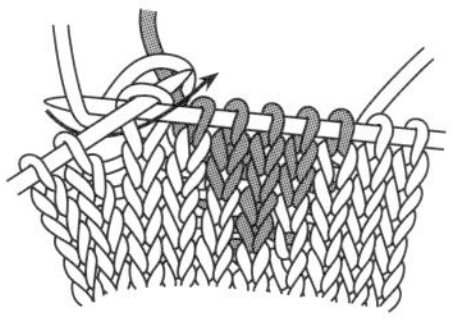

地糸と配色糸をからませて
かえる

5

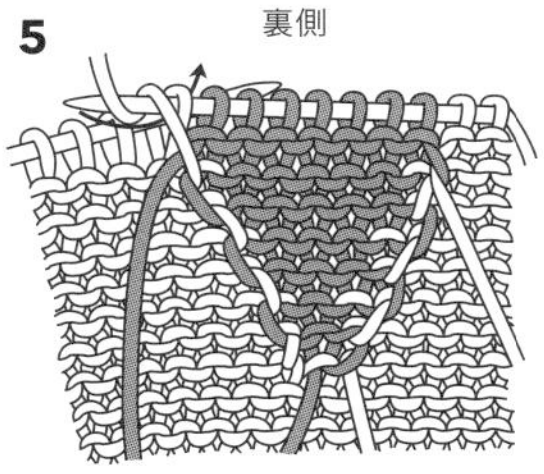

常に同じ方向にからませる

かぎ針編み

編み目記号

鎖編み

1

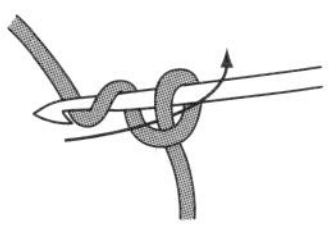

2

3

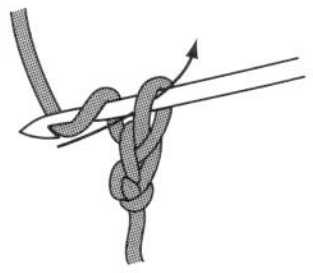

4

いちばん基本になる編み方で、作り目や立上りなどに使う

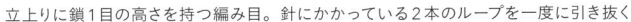

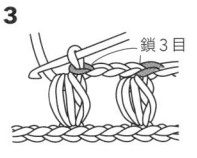

細編み

1

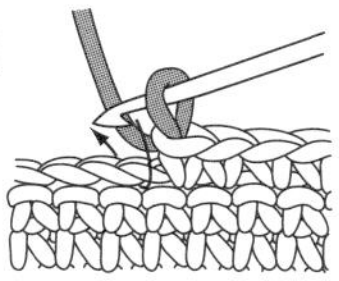

2

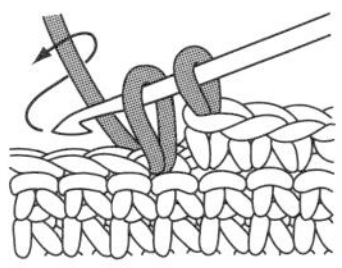

3

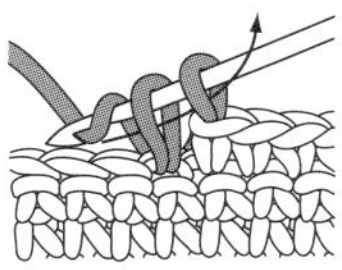

4

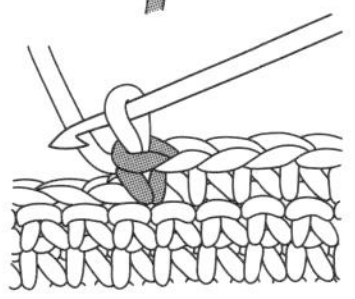

立上りに鎖1目の高さを持つ編み目。針にかかっている2本のループを一度に引き抜く

中長編み

1

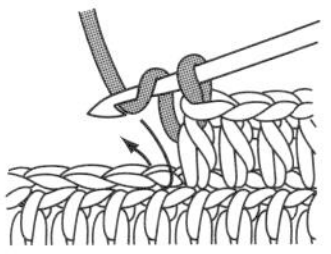

2

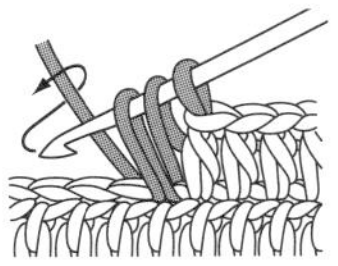

3

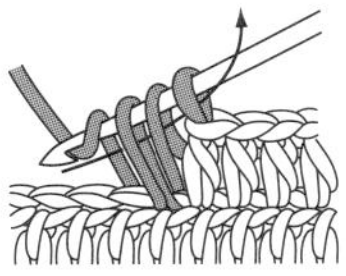

4

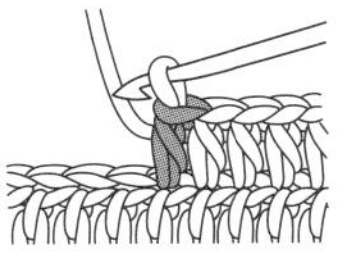

立上りに鎖2目の高さを持つ編み目。針にかかっている3本のループを一度に引き抜く

中長編み3目の玉編み

1

針に糸をかけ、
同じところに未完の
中長編みを3目編む
（図は1目め）

2

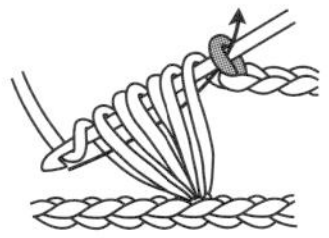

針に糸をかけ、
一度に引き抜く

3

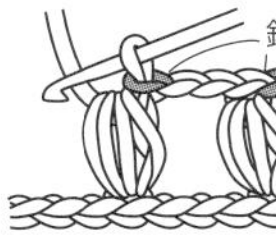

目数が異なる場合も
同じ要領で編む

野口智子

ニットデザイナー。1980年、神奈川県生れ。
文化服装学院ニットデザイン科卒業。
在学中に、Lineapiu（イタリアの紡績メーカー）主催のMaster Lineapiuに選出され、
2002年よりフィレンツェに奨学金留学。
2005年帰国後、ニットデザイナー、バイヤーを経て、
2006年、ハンドニットブランド「eccomin」をスタート。
コレクションの発表の他に、雑誌や書籍などにも作品を多数提供している。
2015年、渋谷に手芸用品と作家もののお店「chocoshoe」をオープン。
著書に『手編みのちいさなバッグとポシェット』（誠文堂新光社）がある。
http://eccomin.com/
http://chocoshoe.com/

わたしのセーター

2019年9月9日　第1刷発行
2020年10月15日　第2刷発行

著　者　野口智子
発行者　濱田勝宏
発行所　学校法人文化学園 文化出版局
〒151-8524 東京都渋谷区代々木3-22-1
☎03-3299-2487（編集）
☎03-3299-2540（営業）

印刷・製本所　株式会社文化カラー印刷

文化出版局のホームページ　http://books.bunka.ac.jp/

この本の編み方に関するお問合せは下記へお願いします。
リトルバード　☎03-5309-2260
受付時間／13:00〜16:00（土日・祝日はお休み）

ブックデザイン
渡部浩美

撮影
後藤啓太（W）

スタイリング
小川夢乃

モデル
MIU

ヘアメイク
秋鹿裕子（W）

製作協力
池上 舞　石川有希　伊波オリエ
児玉知子　関本智子　湯浅光海

トレース
大楽里美　白くま工房

校閲
向井雅子

編集
小出かがり（リトルバード）
三角紗綾子（文化出版局）

この本の作品は、ハマナカ手芸手あみ糸、
リッチモア手あみ糸を使用しています。
糸については下記へお問い合わせください。
ハマナカ
〒616-8585 京都市右京区花園薮ノ下町2番地の3
☎075-463-5151（代表）
www.hamanaka.co.jp
www.richmore.jp
info@hamanaka.co.jp
※材料の表記は2019年8月現在のものです。

◎衣装協力
キッズコースター
☎03-6721-0566
p.6パンツ¥33,000／p.7パンツ¥30,000
p.12スカート¥29,000／p.13スカート¥29,000
p.14パンツ¥31,000（以上ベルパー）

ジョンブル 原宿
☎03-3797-3287
p.26パンツ¥22,000（ジョンブル）

チェルキ
☎03-6418-6779
p.4・5パンツ¥39,000／p.17パンツ¥39,000
p.20・21スカート¥46,000
p.29スカート¥27,000（以上__トモウミ オノ）

ヒュー・デイ・トゥ・イブニング
☎06-6105-5071
p.8スカート¥44,000

フラデリ
☎03-6344-6222
p.10・11スカート¥19,800／p.24パンツ¥19,800

ホール
☎03-6419-7732
p.8フラットシューズ¥38,000／p.12ブーツ¥58,000
p.13ブーツ¥58,000／p.18ミュール¥40,000
（以上セレナテラ）

※その他すべてスタイリスト私物
※掲載の商品は、時期によって完売もしくは売切れになる場合があります。ご了承ください。